撥開中國經濟迷霧

Joseph E.Stiglitz

〈與大師對談〉

諾貝爾經濟學獎獲得者約瑟夫・史迪格里茲與中國專家
為您解讀中國經濟的未來!

朱敏

目錄

人物索引……005
前言……008
第一章　從一個泡沫走向另一個泡沫……011
第二章　尊重市場方能走出迷局……027
第三章　救市迫需彰顯法治精神……041
第四章　破解「深水區」的經改難題……059
第五章　調整結構應以消費為綱……079
第六章　以金融的邏輯驅散陰霾……101
第七章　用憲政改革制約「官進民退」……125
第八章　制度語境下的動態解危……145
第九章　解困內需有賴社保減負……167
第十章　中國經濟轉型契機前瞻……185
第十一章　資本市場構建金融強國夢……201
第十二章　危機下的品牌中國良謀……221
第十三章　創新需求召喚政策轉軌……239
第十四章　改革是化解危機的唯一出路……247
第十五章　勞動密集型製造業的中國軌跡……263
第十六章　G20格局下的能源金融博弈戰……277

人物索引

本書作者

朱　敏　中國國務院發展研究中心新經濟導刊執行總編、美國哥倫比亞大學商學院中國企業研究中心高級研究員

受訪智囊

史迪格里茲　諾貝爾經濟學獎得主、世界銀行前副行長

茅于軾　著名經濟學家、北京天則經濟研究所理事長

江　平　當代著名法學家、中國政法大學終身教授

張卓元　中國社會科學院學部委員、經濟研究所原所長

夏　斌　中國國務院參事、國務院發展研究中心金融所所長

陳志武　美國耶魯大學管理學院金融經濟學終身教授

盛　洪　北京天則經濟研究所所長、山東大學經濟研究中心教授

人物索引

劉偉 北京大學副校長、北京大學經濟學院前院長

白重恩 清華大學經濟管理學院副院長、經濟系主任

魏杰 清華大學中國經濟研究中心常務副主任

吳曉求 中國人民大學金融與證券研究所所長

艾豐 著名品牌專家、中國名牌戰略推進會副主任

張文魁 國務院發展研究中心企業研究所副所長

魏加寧 國務院發展研究中心宏觀經濟研究部副部長

黃桂田 北京大學經濟學院副院長、博士生導師

韓忠亮 中國政法大學國際經濟法博士，教授

朱敏，美國哥倫比亞大學商學院中國企業研究中心高級研究員（CBI Fellow），現任中國國務院發展研究中心《新經濟導刊》執行總編。先後就讀於西北政法學院、北京大學經濟學院。「金融街」財經書系出版人，胡潤百富「學者先鋒」。關心中國政經改革與新經濟轉軌。出版《通向彼岸之路：吳敬璉風雨八十年》、《中國經濟缺什麼》等專著。

前言

站在歷史的坐標軸上審視，隨著中國改革開放三十年的階段性結束，開啟改革新航程、下一個三十年的起點既被賦予了承上啟下的年輪使命，又因金融危機的洗禮而展露出特定的時代深意。

誠然，此番由美國次貸危機引發的金融海嘯乃至經濟危機，中國未能如一九九八年那樣倖免於難。但這又何嘗不是一個進步的標誌。僅從商業層面即可見微知著：在過去十年間，那些創造奇蹟的財富英雄，越發受到世人的豔羨與尊重。這不能不說是一種象徵。可以說，中國已經真正完成了一次全球化的「成年禮」，開始融入到世界主流價值觀之中。上個世紀中山先生的諄諄之誡言猶在耳：「世界潮流，浩浩蕩蕩，順之則昌，逆之則亡。」

不難想見，融入全球化，既有短時的代價，更有長遠的福祉。前提是，在中國經濟的內外失衡之下，必須找到動態解局的辦法。這個辦法或許只有一個，那就是制度創新，或曰二次改革。

就在過去的五味歲月中，人們越發深知，理想中的社會制度和文化核心，乃是市場經濟與公民社會，這必須依託於民間的覺醒、商業的進步。而民間的覺醒、商業的進步，又有賴於新一輪中國改革。儘管經濟危機的語境和現實，已讓這種良性發展的步伐趨於緩滯，然則，基於經濟富強、政治民主、法治昌明等多方訴求，中國經濟發展與商業前行已然勢不可擋，就在與落後勢力的博弈之中，推動著改革共識的進一步樹立。

危機雖讓我們有所反省，但仍不夠。須知，任何一個經濟現象的背後，都有著相應的文化倫理因素，並構成因果鏈的兩個斷面。換句話說，經濟危機從本質上探究亦是倫理危機、誠信危機、信心危機。關於這點，二〇〇八年諾貝爾經濟學獎得主克魯曼（Paul R. Krugman）也有過類似的表述，他曾一語中的：金融危機，實際上是人文危機。

經歷了接踵而來的各種宏觀衝擊之後，在經濟日漸復甦的後危機時期，尊重市場規律、發揚現代企業精神，於世界、於中國而言，都顯得更為迫切。而要實現經濟的二次改革，推動商業倫理重構與進步，與知識精英階層的行動與吶喊密不可分。

這些積極行動或努力吶喊的主人公，可視為經濟發展的思路引導者。在中國現代性的行進當中，他們一方面擁有時代的見證人和觀察者的身分，另一方面，又是幫助中國經濟健康成長，不留情面的批評者和揭露者。在他們當中，有的是站在全局角度，對經濟航行中可能遇到的激流險灘作出理性預判；有的是從國家政策面，對產業發展中種種或彰或顯的問題給以預警；也有的是從市場出發，對商業環境中不利於企業成長的要素或現象說「不」；還有的是作為冷峻的旁觀者，對經濟生活中正在滋長的趨勢或弊端予以鞭撻。他們的話語或實踐，對中國經濟從宏觀決策到商業管理，都產生了積極而又深遠的影響。

當然，作為智慧的傳人，思路引導者們確保一點：不逾越政治鴻溝和話語底線，即「凡能說的，我都說了；凡不可說的，我必須沉默」（維特根斯坦語）。

儘管面對危機時代宏觀經濟的複雜多變、神秘莫測，經濟學家研判形勢時往往見仁見智、各執一詞；但對於中觀的商業社會、微觀的企業細胞而言，無論在危機之下，還是在順境之中，作為一個渴望正常有序的經濟體來說，必然要求遵循其應當恪守的經濟價值觀及商業倫理。於是，樹正一個符合歷史現狀的價值尺規，成了以經濟研究或商業實踐為己任的思路引導者們，為經濟社會所作隱性而最大的貢獻。

擺在諸位面前的這部宏觀經濟趨勢研究專著，正是筆者立足於以上訴求，採用對話錄形式進行的一次特別嘗試。這項在全球金融危機背景下，以問計危機之策為契機、以破解經濟困局為取向的系列經濟研究課題，前一階段已產生意想不到的反響，並在大陸出版取材於本課題的「中國經濟缺什麼」一書基礎上，以完整面貌漂洋過海來到美麗的寶島。但願《撥開中國經濟迷霧》可以書如其名，通過對中國經濟轉型的前瞻性思考，真正對中國經濟衝破晴空中的陰霾有所幫助，至少要讓關注中國經濟態勢的廣大讀者們有所啟發。

目前，該項有關中國經濟核心命題的研究仍在延展和昇華當中，涉及了更多的經濟學家，蘊涵了更多的真知灼見，足可相信，續集的精彩度和價值都將甚於眼下這部。此外，還要自薦的是上半年出版的經濟思想案例研究專著《通向彼岸之路：吳敬璉風雨八十年》，便於人們通過一位八旬經濟學泰斗的命運沉浮，縱深理解和觸摸中國經濟之今昔，從而對這個時代給予更多的寬容與信心。

二〇一〇年八月於北京

第一章
從一個泡沫走向另一個泡沫

一、如何遏制貿易保護主義

朱敏：

您好，史迪格里茲教授。我們關注到，在全球經濟衰退的背景之下，各國貿易保護主義普遍抬頭。您如何看待這種現象？

史迪格里茲：

貿易保護主義的確是一個很重要的話題。二〇〇八年十一月在華盛頓的二十國峰會上，大家一致認為不能推行保護主義，但幾個月之後，到目前為止已經有十七個國家採取了保護主義。這真是令人印象深刻的一件事。美國提出「Buy America」（買美國貨），這違背了WTO協定。同時另一個觀點就是WTO協定，它很少考慮到窮國。它更多的是從發達國家的立場出發，而不是發展中國家。這一點其實比保護主義還要糟糕。

朱敏：

眼下這股保護主義的逆流將給全球經濟帶來怎樣的危害？

史迪格里茲：

各個國家不推行保護主義是非常重要的，我希望保護主義不要發生。否則這會使經濟復甦變得困難。因為在經濟學中這是一個很簡單的道理，每個國家都在推出自己的經濟刺激計畫，計畫中都是要最大化本國的利益，就勢必要推行保護主義。那這樣刺激計畫中帶給本國的利益就會被別國的保護主義政策所抵消。如果每個國家都只追求自身的利益，那最終的結果便是每個國家都變得更糟。但是不幸的是消除貿易保護主義非常地困難。

我們都知道，關稅是一種重要的保護主義手段，與此同時補貼也是一種保護主義。在此次各國應對危機的經濟刺激方案中，補貼的影響要比所有人想像的還要大。現在銀行體系、汽車行業等很多行業都存在補貼的現象，而這對經濟的復甦是非常不利的。所以我們在這次危機後要重新思考全球化的問題，保護主義這些措施完全抵消了經濟刺激方案所帶來的好處。

朱敏：

世界經濟的發展，以您的觀察，究竟會走向何方？

史迪格里茲：

有一些問題非常重要，那就是全球的貧窮問題、環境問題和全球變暖。這些是非常重要的問題。其中的關鍵在於如何改善經濟的無效率：如何能將資源配置到最需要它們的地方，如何保證我們消費的購買力能夠轉化成社會真正需要的產品。我們應該做的是在下一個十年，減緩全球變暖。在這一方面有足夠的需求。

朱敏：

關鍵在於，有沒有一種政治機制和經濟機制把這些需求轉變為現實？

史迪格里茲：

我們將會有足夠的激勵和機會去將這些需求轉化為市場。就這個問題，我對聯合國有三個關鍵的建議：首先，需要一個新的全球信貸機構，而且它的監管應該比現有的機構更好；其次要建立一個全球經濟協調委員會；最後要有一個新的全球儲備體系。這是一個很早就被凱恩斯提出來的問題，而目前的系統運行並不良好，所以現在到了需要對其進行改革的時候。

二、美國還會是世界經濟引擎嗎

朱敏：
作為金融危機的肇發地和重災區，美國的經濟遭受了前所未有的衝擊。它還會是世界經濟發展的引擎嗎？

史迪格里茲：
我認為美國仍將是世界上最大的經濟體，仍將是世界經濟的重要組成部分。但它以後可能無法施加危機之前它所能產生的影響。我認為原因在於美國的金融行業。美國可能需要很長一段時間來真正走出危機。那麼今後美國、中國、印度等國家就會共同成為世界經濟的主要力量。一個深層次的問題是，美國有可能重複這樣的故事：從一個泡沫走向另一個泡沫。

朱敏：
您曾提到收入當中消費占的比重越高，儲蓄就越小。您是覺得美國人現在應該由增加消費轉向增加儲蓄，還是認為美國人現在增加儲蓄是一件壞事？

史迪格里茲：這個問題一直是經濟學家在討論的兩難問題，遇到現在的經濟問題的時候，大家都說收入會下降，從長遠來講我們是肯定需要更多的儲蓄，零儲蓄率絕對不行。但是，問題是現在儲蓄率在上升，這是美國所面臨的最大的經濟問題。

在我講到美國應該如何恰當地應對經濟政策的時候，我提到我們不應該鼓勵消費，而是應該鼓勵投資。比如說，如果你要減稅的話，我們應該提供投資信貸，使大家能夠更多地投資。給居民減稅並不是非常有效的，不是一個正確的方向。從長遠來說，正確的方向是更多的儲蓄和更多的投資。

朱敏：在全球經濟復甦過程中，中國將會擔當怎樣的角色，發揮多大作用？

史迪格里茲：我認為中國在全球經濟的復甦當中會扮演一個非常關鍵的角色。首先，中國通過適當的宏觀經濟政策會保持其經濟繼續增長，這本身就是對世界經濟的一個重要貢獻；其次，通過對其他發展中國家的援助，中國也會對全球經濟全面而綜合的復甦做出貢獻。而通過參與G20和聯合國等國際組織的活動，中國將會促成它們的改革，這些改革將會是重塑信心和打造一個更穩定的全球經濟所必須的。

朱敏：在當前的情況下，中國持有了七千多億美元美國國債還包括其他不動產，國內對這些資產也比較擔心，擔心這些資產的安全問題。美國現在有沒有能力，或者說是不是已經有了相關的措施對我們的這些資產做一些保障？

史迪格里茲：

如果人們主要擔心通貨膨脹的話，我們有一些通貨膨脹指數化債券，這方面的債券也是可以有一些保障的，美國不可能不遵守承諾。那麼，我們會不會有通貨膨脹或者是貨幣貶值？現在對於貨幣的發行、貨幣的供應會影響流動性，以及對國債利用的擔憂並非多餘。

二、刺激經濟怎樣著眼長遠需求

朱敏：

現在看來，我們所面臨的這次國際經濟衰退將是非常深度的，而且是非常長期的。在刺激經濟方面，作為發展中國家尤其是中國，應該注意哪些方面？

史迪格里茲：

現在非常明確的一點，就是此次金融危機將是上世紀大衰退以來最嚴重的一次全球金融危機。以前銀行都是做銀行的業務，但是現在銀行從事了很多諸如賭博類的業務，所以這也導致了銀行業出現了很多問題。在六個月以前，有很多人希望美國以及在歐洲發生的經濟危機不會影響到新興市場，包括中國。當時有人提出這樣一個觀點，就是中國可以獨善其身，但是我是不同意的，事實上也是這樣的，現在世界上所有國家都多多少少受到了經濟危機的影響。這也是全球化帶來的結果，全球化既帶來好處，但是也帶來很多壞處。比如說美國政策帶來的負面代價也產生了全球的影響，美國出口了有毒的貸款，到現在美國也出口了它的經濟衰退。

其中，有一個令人值得諷刺的一件事情，就是發展中國家往往是受害最嚴重的，而在這些發展中國家受害最嚴重的國家中，參與國際經濟事務最多的國家像中國他們所面臨的全球挑戰也最嚴重，即使是那些在以前的經濟政策比較好的，包括銀行業以及監管措施都比較好的國家，他們也受到了影響。此次金融危機將對很多國家產生嚴重的影響，它影響到經濟的各個方面，包括出口，包括投資，包括需求等等。它跟一九九七年、一九九八年的危機還不同，在十幾年前的那場金融危機當時全球經濟回暖非常快，因為很多國家就通過出口迅速得到經濟的回升，各國的經濟相對還是獲得了非常好的發展。而從去年開始的這次危機是全球性的金融危機和經濟危機。雖然前十年美國的經濟發展非常好，美國的出口也非常強勁。但是，現在美國的出口也受到了非常嚴重的影響。現在面臨著一系列的危機，包括就業的降低。

朱敏：

有專家指出，美國以及中國在接下來幾年由於農村人口又從城市向農村進行反流動，也將導致數以千萬計的人失業。對此您如何看待？

史迪格里茲：

這是一次全球性的金融危機，所以應對措施也必須是全球性的。大家都知道一個國家的政策也將影響到其他國家，這也是為什麼現在很多國家出臺的這種刺激政策還都是不足夠的原因。因為這些國家的經濟政策往往是過度注重於國內效應，而缺乏對國際效應的重視，這也就是為什麼我認為全球經濟回暖不會特別快。

我們都學的是凱恩斯的經濟學，有些人一直反對凱恩斯經濟學。現在非常重要的一點，就是這些刺激措施必須在全球範圍內產生影響，因為國內的經濟刺激措施同國際經濟刺激措施之間是有非常重要區別的。刺激措施中總會有一些錢不是在一個國家內部進行投資的，有些投資也會對鄰國產生影響，這就是為什麼我們說對一個國家進行的刺激往往會對鄰國或者全球產生影響。現在過多的國家，把過多的注意力放在國內的供應和需求上，而對國際供應、需求照顧不多。在進行這些刺激措施的時候，必須有長遠的眼光著眼於長遠的需求，要需求平衡，要尋求負債表上的平衡，要在確保追求負債表平衡上的努力不要得到削弱。因為我們通常過多關注於負債，而不是關注與整個負債表平衡的狀況。

刺激措施也必須關注長遠需求，而不是建造一個過去被事實證明已經失敗了的金融或者經濟體系，這是在制定經濟刺激措施的時候必須要考慮到的。

另外，必須有一些後續的經濟措施，同時必須要對微觀經濟非常敏感，在失去工作的地方創造就業。倘有一個好的判斷刺激措施的標準，美國的刺激措施就不是特別好，太少、太晚了，而且其中大多以減稅的形式出現，它對經濟的刺激不會有太大的影響。當前的金融危機對中國將是一個機遇，在第十一個五年規劃設定的願景就是要建立和諧社會，但前提是必須要減少中國對出口的依賴，在這方面中國取得了非常大的進展。另外要建立環境友好型、可持續發展模式。

四、中國關鍵在於如何實現經濟轉型

朱敏：

應該說，中國傳統的發展模式在過去三十年間很好地促進了中國經濟的發展。但是關於這種經濟的模式弊端與發展瓶頸的討論也不絕於耳。那麼您認為，中國經濟究竟缺什麼？

史迪格里茲：

在一九九七年、一九九八年金融危機的時候，在本地區中國是很好使用了凱恩斯經濟學的這樣一個國家，我當時就說如果能夠好好地學經濟學的話，那他們可能就會得到百分之八以上的經濟增長。中國當時對凱恩斯經濟學進行了很好的研究，這一點為接下來十年經濟的快速增長奠定了非常好的基礎。

中國的經濟刺激計畫是有方方面面的，包含的很多因素都非常好。但是，還是要注意幾個問題。首先就是它的因素是好的，但是它的比例好不好？作為一個學者我總是希望能夠把更多的錢投入到教育。教育對一個創新型的經濟體來說將是非常重要的。另外，對醫療的投入是非常好的，但是它的基礎是非常低的，所以，我認為在這方面應該有更多的投入。

最大的一個問題，就是工業的調整。有些工業的調整可能會有損於競爭，並且導致供需方面進一步不平衡。一些專家也認為應該更多鼓勵中小企業的發展，在很多國家包括中國，中小企業都是就業很重要的提供者。應該改善中小企業的融資環境，這也需要對整個金融體系進行很大的調整。

還有，就是要大力提高消費，現在經濟面臨問題，但是還是要在這樣非常困難時期來促進消費。有一點讓我印象非常深刻的就是，中國的老百姓對於政府的這些措施非常有信心，儘管外部面臨的形勢是非常嚴峻的。我們也應該記住，哪怕增長率稍微低於預定的目標，我們還是能夠獲得一些切切實實的發展。因為經濟環境可能會進一步地惡化，真正的問題是能不能保持經濟發展的勢頭。另外，還應該把短期的刺激計畫和長遠的需求結合起來。

如何提高中國的需求，對於美國人來說這是一個非常奇怪的問題，美國人的儲蓄率幾乎是零，美國曾經有過經濟危機，一些經濟危機使得美國儲蓄率稍微提高了百分之二～百分之五甚至更高，但是它沒有改變美國人的消費方式，我希望能夠有一種更好的方式。

朱敏：

所以這裏有一個問題，那就是中國的儲蓄率為什麼這麼高？

史迪格里茲：

這個問題很多人談的都是居民儲蓄。但是，中國居民的儲蓄只是略微有些高。而如果能夠進一步完善社會保障體系的話，還是可以降低居民儲蓄。而且，完善社會保障體系將帶來直接以及間接的促進消費的效應。

另外，中小企業的融資環境不好，特別是小企業的融資環境很不好。很多小企業必須要存錢以擴大自己的業務。如果它們的融資環境更好一些的話，那居民的儲蓄率就會降低一些。對中國來說非常有意思的是，並不只是居民的儲蓄，因為居民的儲蓄只是稍高而並不是特別高，而反常的是企業部門收入過高，它們的利潤過高，而且企業的儲蓄率過高，導致工資水準過低。

朱敏：

那麼，如何提高工人的工資？如何提高居民的收入？

史迪格里茲：

其中一個方式就是增加中小企業的數量，改善中小企業的融資環境，並且通過幫助工人建立更積極的工會來改善工人的狀況，使得他們能夠有更多的發言權。

中國傳統的發展模式促進了中國經濟很好地發展，但是我們必須考慮未來將會是什麼樣子？未來中國的高利潤率使得中國的投資非常高，但是帶來一個問題就是供應的增長與需求的增長是失衡的，出口進一步地失衡。現在要處理這個問題是比較難的，因為現在如果就解決這些問題可能會帶來一系列的問題，包括通貨緊縮以及相應宏觀經濟的危險。

還有另外兩個因素，這兩個因素都是相互聯繫的，特別是關於市場扭曲的問題，其中一個就是自然資源定價太低，如果把定價調高的話就可以贏得更多公共投資的資金。第二個因素，就是壟斷性、利潤很大的行業，在一個競爭性的世界中這個現象是不合理的。我說最關鍵的問題就是中國經濟轉型，要發展以市場為主的經濟，應該使中國的市場經濟更和諧，更可持續。

五、冀望建立一個全球合作的機制

朱敏：

關於美國所做出的應對政策，大家認為迄今為止美國做出的反應還是很不夠的，會使危機持續時間更長。對此您怎樣看？

史迪格里茲：

大家應該從美國的失敗當中吸取教訓，這不僅僅是在金融領域，而且在公司的法人治理中有更深層的問題，這些銀行發展得塊頭過大，以至於它們不可能不失敗。我們還需要貨幣政策的框架，有很大問題的貨幣政策框架也造成了這次的危機。大家已經多次討論過全球化，它有好處也有壞處，這也就意味著在面對全球化的時候，我們要非常小心。我們需要認識到有一些全球性的協議是由一些覺得市場萬能的這些人所制定的，因此，這些協議也是有問題的。

我們多次提到這是一個全球性的危機，也需要全球來應對。我們需要國際組織來行動，有G20，但是全球有一百九十二個國家，也就是說一百七十二個都不是G20的成員，而世界上的很多國家都受到了影響。聯合國有一個專家委員會在研究危機對發展中國家的影響，我是這個委員會的成員，我們提出了一些建議。一個就是錢的分配辦法要改變，現在的機制效率太慢了。如果這樣改革的話，等到下次危機到來之前都不能夠完成這些改革。我們需要一個新的分配制度，需要一個全球協調機制，也需要一個新的全球儲備體系。在這期間我們可以發揮區域倡議的作用，比如說清邁議程。在實現全球經濟復甦的過程中，中國可以發揮重要的作用，它可以使自己的經濟保持增長。另外，就是它可以為全球均衡地恢復做出貢獻，中國可以幫助其他的發展中國家，這和中國自己的價值觀是一致的。

我希望中國在它自己所屬的這個區域以及在全球建立恰當的機制，使得更多的資金能夠轉向新興市場方面發揮其作用；並通過G20和聯合國來進行必要的改革，以恢復人們的信心。

六、中國未來最具挑戰性的任務

朱敏：您前面提到中國並不能在經濟危機中獨善其身，那您是否認為中國會首先擺脫經濟危機？

史迪格里茲：在這樣嚴重的經濟衰退形勢下，中國很難免受其影響，但中國可能會經受住危機中最嚴重的衝擊。中國的經濟刺激計畫很龐大，也在採取一些很有力的措施。我想這些都可能減輕危機的負面影響，但並不能完全避免。在東南亞經濟危機中，中國的經濟增長減緩，但中國推出了經濟刺激計畫，這使減緩趨勢得到有效控制。我想目前也是同樣的情況，只是這一次的經濟衰退要嚴重得多，因此中國的經濟減緩要顯著得多。

我認為中國會以自己的方式度過這次危機。中國將採取措施，減輕出口困境帶來的負面影響。但中國的兩千萬農民工失業了，不可能在一夜之間創造出兩千萬個就業機會。因此我覺得，認為中國在非常短的時間內就可以完全解決經濟危機是不現實的。

中國目前最大的挑戰是保持經濟的活力，為失業人口提供社會保障。但真正的挑戰是將用於復甦經濟的財政開支用來推動經濟的重新調整，比如第十一個五年規劃所提出的，爭取創造社會環境更加穩定的經濟、創造型的經濟，減少對外貿出口的依賴，改變經濟的架構，我認為這是未來最具挑戰性的任務。

朱敏：

有些人認為經濟危機的第二波影響到來了。您同意這個說法嗎？您認為最嚴重的階段已經過去了，還是即將到來？伯南克稱美聯儲將收購美國長期國債，您是否認為這對中國外匯儲備會造成不利影響？

史迪格里茲：

我認為事態有可能往更壞的方向發展。美國的經濟衰退在持續，刺激計畫並不足以幫美國走出危機，因此經濟的下滑趨勢有可能持續。這就意味著對中國的進口需求會很有限。但我對中國的一些出口商品保持樂觀態度，一些商品只是暫時性地存貨堆積，等存貨數量減少後，人們就會重新開始消費，也許消費能力不會很高，但快速的經濟下滑會被遏制，之後就會恢復一些增長，實現復甦。

美聯儲擴充了資產負債表，為經濟注入流動性，目前還沒有通貨膨脹的直接風險，因為需求非常低迷，所以風險在通貨緊縮上。但將來某個時候，經濟復甦之後，這麼多的流動資金會使通脹壓力迅速增加。美聯儲希望大家相信他們在這種情況下能夠妥善解決問題，他們將非常謹慎地將那些資產和流動資金取出來，經濟就會穩步運行。雖然他們以前的表現並不讓人滿意，而且他們購買的資產要比他們以前通常購買的短期國債流動性小，因此想扭轉趨勢的難度可能會更大，所以，將會出現潛在的通脹和匯率的風險。

我前面說過，如果人們非常擔心以上這些風險，政府可能會發行更多的通貨膨脹指數化債券。擔心這一問題的人可以通過購買指數化債券規避風險。

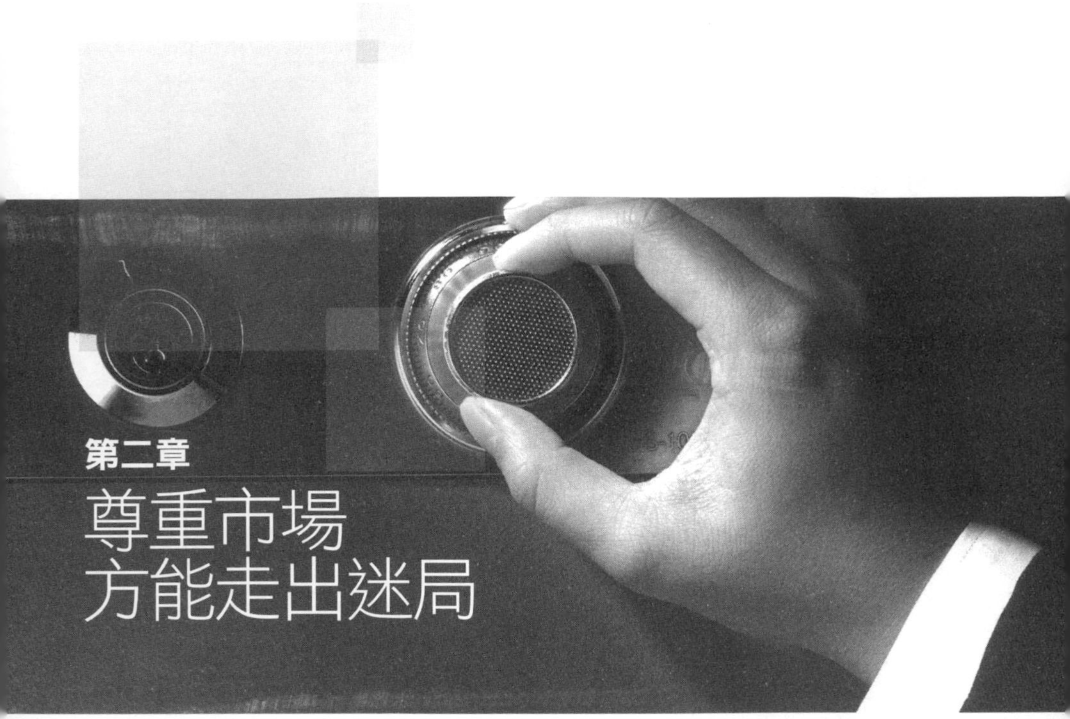

第二章

尊重市場
方能走出迷局

一、中國並非「市場失靈」而是「市場不夠」

朱敏：茅老，當前這場始料未及的經濟危機轉眼已席捲全球了，以您的觀察和思考，究竟問題出在哪兒？

茅于軾：應該說不同的國家有不同的問題和原因，中國的情況有外部原因和內部原因。外部原因是受到發達國家衰退的影響，國內的訂單減少；內部原因是低勞動、低環境成本的經濟模式亟需調整，屬於價格的低估。這是總的原因。具體的原因就要微觀分析到個人行為。

朱敏：您是微觀經濟學的權威，從微觀上講，是否在市場機制上存在問題？

茅于軾：世界上沒有十全十美的東西，市場經濟也有很多問題，要針對實際問題去解決。中外問題存在著差異，中國更多的是「市場不夠」的問題，歐美是「市場失靈」的問題。中國之所以市場不夠，是因為市場配置的資源太少或者政府配置的資源太多，像現在壟斷的國有企業都是政府在配置資源，這是由於長期積累的結果。改革三十年，計劃經濟體制的殘餘還在。

朱敏：

微觀機制上如果有缺陷，是否最後必定會反映到宏觀經濟層面？反過來講，宏觀經濟層面出現危機，是否必定由於微觀機制上存在不足？

茅于軾：宏觀經濟是總量經濟，微觀經濟是個體經濟。宏觀經濟理論是從凱恩斯起產生的，在亞當．斯密、馬歇爾時期都是沒有宏觀經濟之說的，這是凱恩斯的重大貢獻。宏觀規律和微觀規律不完全一樣。宏觀是總量，微觀是通過價格的調整達到供給平衡。總需求和總供給不能平衡，形成了宏觀上的種種問題。

微觀的最佳狀態是：價格是自由的，任何一種商品都能夠供需平衡。但是每個微觀商品供需平衡，總供給和總需求卻不能平衡，這中間還存在儲蓄轉換為投資的問題。再比如說環保的問題，原本也是微觀問題，但反映到宏觀上就會影響到整體環境。

二、應「敬畏」市場而非「駕馭」市場

朱敏：現在主要是微觀還是宏觀層面上的危機？

茅于軾：

兩方面都有。首先價格就有問題，國家可以干預公共交通和電力價格，但絕對不能干預肉和糧食價格，這是違反市場經濟規律的，必須放開價格管制。

朱敏：管制的動因何在？

茅于軾：權力大嘛，而且不受約束。

朱敏：在目前的政府思維中，究竟對市場是一種什麼態度？

茅于軾：政府一方面依靠市場，另一方面干預市場。只有依靠市場，才能生產財富，沒有市場就無法生產出財富；只有干預市場，才能在市場失靈時，讓權力有用武之地。因此二者都需要。

朱敏：權力的干預，應以尊重市場為前提。前段時間吳敬璉先生也表達過自己的看法，大意是說，有些官員自認為有了權力就可以無所不能、無所不為，乃至於視市場規律、自然規律為無物，試圖「駕馭」市場。中國當前的危機就此意義上講，是不是這樣一種慣性思維的惡果？

茅于軾：這種思維不是一天形成的。「駕馭」與「干預」儘管一字之差，就眼下危機對中國而言，令人擔憂的可能正是這樣一種問題。政府「四萬億」投資計畫，大部分還是投到基礎設施領域而非醫療、教育、住房等民生領域，自然也有對市場認知不夠的一面。

三、應著眼於「隱性工程」而非「顯性工程」

朱敏：
針對「四萬億」投資計畫，您最近大力呼籲政府要瞄準就業而不是瞄準GDP，這一觀點亦被普遍認同。您呼籲的依據是什麼？

茅于軾：
在美國，歐巴馬一當選就宣佈創造二百五十萬個就業機會，沒說GDP要增長多少，似乎不是很關注這一點。在中國，政府部門關心的是GDP，老百姓關心的是就業，如果僅僅是GDP上去了，失業趨勢卻未被遏制，對老百姓是沒有任何好處的，只是官員在政績上、面子上好看。當然二者也有關係，GDP增長也會使就業增加，但是二者不是一種完全對應的關係，瞄準就業和瞄準GDP後果顯然不同。

朱敏：
通過固定資產投資實現GDP增長，是一種看得見、摸得著的「顯性工程」；而通過民生建設提高社會福祉，是一種看不見、摸不著的「隱性工程」。

茅于軾：對，二者在政績的彰顯上有著差異。現在政府部門也存在利益的博弈在裏面，存在對顯性工程和隱性工程的權衡。比如，究竟如何效用最大化地配置「四萬億」投資？中國現在的總產值約為二十五萬億，四萬億將近占了百分之二十，這是一個很大的比例，絕不能依賴於顯性工程。

朱敏：隱性工程諸多環節當中，頗為關鍵的一環，在於如何在中國構築起一個安全有效的社會保障體系。

茅于軾：目前社會保障關心的仍然是城市人口，應該將重點轉到農村。城市大部分人口都已享受公費醫療，而農民還沒真正意義上享受公費醫療的權益，包括教育也是偏向城市。還有住房，純粹是犧牲農民利益為城市人買房子創造條件，是「劫貧濟富」的行為。理應是從富人手裏拿過來幫助窮人，現在的模式卻是從窮人手裏拿出來幫助富人買房子。沒有公平也沒有效率，並且滋生腐敗。

朱敏：越來越多的輿論認為，只有多在民生問題上下功夫，改變國富民窮的狀況，才能從根本上解決內需問題進而拉動經濟良性循環。

茅于軾：解放初期是國窮民窮，現在也不能說是國富民窮，民間還是很有錢的。確切說是，現在是國家富了，老百姓也富了。現實問題在於大政府、大財政的問題，政府部門的開支很大，並且缺乏監督。

目前財富創造主體已經在民間，民間不富，國家也富不起來。但是富的比例太懸殊，從GDP的分配來看，國家分配的越來越多，包括稅收、壟斷的國企利潤越來越高，表現為國家的財富增加過快，而且手裏有大量土地，不夠還可以從農民手中獲得土地。現在需要擴大內需，減少國家的分配部分，增加百姓的分配比例，比如減稅。

朱敏：具體路徑您認為有哪些？

茅于軾：除了減稅，重點應加大國有企業私有化力度、改革壟斷部門和行業。比如鐵路，效率低、浪費大、服務差，政企合一。民航和鐵路就不一樣，民航的服務就好得多；甚至鐵路還不如公路，公路因為有競爭，服務有很大改進。鐵路還是和三十年前差別不大。

朱敏：如何打破這種僵局？

茅于軾：鐵路的問題是壟斷問題。鐵路的壟斷很難避免，因為有軌道在。這條軌道歸誰的，它就有壟斷權，除非另外修一條軌道。同樣電網也是壟斷的，除非另外修網，那可以競爭。從資源配置講，如果一個網就夠了，再建一個就是資源的浪費，電力可能就是這樣。不過對於鐵路來講，鐵路是不夠的，我們希望能夠吸引民間資本。

四、通過開放「學西方」是三十年進步的主要動力

朱敏：關於中國改革開放三十年，有學者指出，對外開放是這三十年的最大成果，因為有了開放，通過行政手段獲得生產性資源的路徑才得以維持。

茅于軾：的確，一個國家的生產性資源如果更多地掌握在政府手裏，政府可支配的錢就越多，民眾口袋裏的錢就相應越少，這是一種此消彼長的過程。如果沒有開放，生產的東西就可能銷售不出去，開放維持了我們外向經濟的局面，所以改革和開放要分開來看。

同時也要看到，三十年改革開放最不容忽視的力量是民營經濟，民營經濟的財富並沒有掌握在國家手裏，市場是削弱了政府權力。

就對外開放而言，最重要的意義是實現了東西方交流，中國得以學習西方先進的東西，沒有這一點中國改革不可能成功。開放最主要的結果，不能簡單說是維護了統治階層利益，更多的是促進了中國在技術、制度、文化等領域全面向西方學習。我們的憲法、人民代表大會到法院、律師、大學，還有各種制度等全是從西方來的，而不是慈禧太后的東西。

朱敏：當然也有很多人認為，我們的學習是不是更專注於形式，而精神理念上仍然有著很大差距。

茅于軾：
現在精神上也在學，最近出現的維權行動就是向西方學習的結果。真正在學西方的，主要是一些民間人士；作為壟斷利益集團，儘管一方面抵制西方思想，另一方面也在受這些思想的影響。
我最近有一個很大的發現，中國政治改革一個重大進步是在人權方面。值得肯定的是，幾十年一直不斷在進步，其實是老百姓對政府的監督權在加強。就「楊佳襲警案」來說，楊佳是該判死刑的，但下此判決還沒那麼容易，需要照顧到網上那麼多的意見。這就是一個進步。

朱敏：
您認為進步的動力是什麼？

茅于軾：
主要就是學西方的關係。中國自古以來沒有人權思想，儒家沒有人權思想，儒家是君王思想，人權思想是「進口」的。先是歐洲然後到美洲，現在全世界都在講人權。人權不是靠權威來保護的，要靠老百姓的自覺。

朱敏：
能否說說管道的問題？

茅于軾：
管道其實就是東西方交流，包括人的交流、商品和信息的交流。因此說，中國政府對改革開放的功勞很大，我們也去過日本考察，其開放程度遠不如中國。

朱敏：

現狀還滿意嗎？

茅于軾：終歸是能存在、能發展。這全是靠市場，市場的力量給每個公民創造了機會。現在社會上的有錢人，不全是壟斷集權者，大部分還是民間的創造力量，經濟傑出人物大部分來自民營企業。

五、微觀機制出現新的認知和改進

朱敏：我們注意到您最近在關注一些青年學人的觀點，有沒有特別推崇的？

茅于軾：經濟學以往只強調「理性經濟人」追求財富，現在有個年輕人發現了另一個角度，那就是人跟人之間的比較：「注目禮」。這是個很有價值的發現。同時也要看到，「比較」並不是人人都贏的，名次是不值得追求的；但是在絕對值上提高，你的財富、學問增加，這是個好的追求，是可以實現的。

朱敏：這個問題可能類似於哲學中「實然」和「應然」的關係。在這裏，「實然」是指人跟人的比較屬於一種主觀機制，「應然」則指人應該有超脫於比較之外的更高追求。

茅于軾：

以「帕累托改進」理論看，追求財富可以實現帕累托改進，追求名次不可能實現帕累托改進。因為帕累托改進是在沒有人受損的前提下有人受益，而排名次往往非此即彼。從這個角度講，就是追求絕對值和追求名次的區別了。

西方經濟學理論是基於人們追求絕對值的行為推演的，沒有考慮人們追求名次的行為情形，而現實當中，人的一部分行為是以追求名次為目的，這需要從另外一個角度、以另一種微觀機制來解釋。他的這個角度，可以視為對理性經濟人假設、乃至於對西方經濟學理論的一種補充。

朱敏：

是否也可以這樣認為：理性經濟人儘管「實然」卻未必「應然」？是不是某種理論假設一旦長期盛行，就會成為一種引導人們行為方式的價值觀？

茅于軾：

市場經濟的成功，其實不是靠理性經濟人，而是靠責任感。確切說，市場經濟成功的根本原因在於責任感。現在百分之九十以上的創造財富都不是為自己賺錢，都是為單位賺錢。花錢也是一樣的，現在很多都是花別人的錢，政府也是花別人的錢，社會投資也是花別人的錢。所以光有利己，靠「看不見的手」是根本不夠的。一個複雜社會是有組織的社會，它花別人的錢，同時為別人賺錢。市場經濟就是這樣一個客觀結果。

朱敏：

有人斷言，亞當．斯密所謂「看不見的手」其實是個「太上老君急急如律令」，流於神秘主義。真的是這麼一回事嗎？為什麼長期以來西方經濟學不能袪除這個神秘的「看不見的手」呢？

茅于軾：

「看不見的手」就是在市場環境下，每個人都為自己利益而努力的共同動機，它是為社會服務的。過去人們認為賺錢是損害社會的行為，亞當．斯密則認為這是為社會做好事。這是斯密的一種感覺，是一種很天才的發現。在人是追求利益的假定下才有了市場，進而有了物質的改善。這不是神秘主義。

六、複雜市場問題只能靠分散決策解決

朱敏：

「伯樂常有，而千里馬不常有」——您曾對韓愈的這句話提出深刻質疑：究竟誰是伯樂呢？當時您是一種怎樣的心境？

茅于軾：

中國人受韓愈這篇文章的影響很深，遇到複雜問題，總是想到應該找一個伯樂來解決。但沒有想過：誰是伯樂？怎樣鑒別？所以靠伯樂不是解決問題的辦法，也就是說計劃經濟不是辦法。計劃

經濟就是寄望於伯樂的經濟。事實上，最後市場的複雜問題只能靠分散決策，而不是靠伯樂解決。

朱敏：市場到底是不是計畫的對立面？

茅于軾：市場和計畫就是勢不兩立的，要計畫就要放棄市場。問題是要分散決策還是靠集中決策。這說明還是要解決一個決策機制的問題。其實從宏觀上講，決策機制其實就是政治體制，就要考慮民主。

朱敏：您一直奉自由主義為圭臬，那麼自由是不是真的不證自明？

茅于軾：自由是需要證明、也是可以證明的，是有邏輯的，並不僅僅是一種感受。自由的對立面是不自由。為什麼不自由？是有人干涉你，為什麼能干涉你的自由？就是因為不平等，不平等的社會是不自由的，也就不會安定。人類歷史就是這麼一個過程。大家都平等了，就不會有衝突了。問題是大家都平等了，這個社會怎樣治理？所以有了民主的辦法，人人平等但又可以管理。

朱敏：特權是自由的障礙，特權的約束條件寬。因為你有特權，就把別人的自由侵犯了，社會就不能安定。

更多的是靠法治還是道德層面？

茅于軾：都需要，很多層面都要提高。老百姓的覺悟，老百姓的教育……

第三章

救市迫需
彰顯法治精神

一、經濟「過山車」，權力與市場究竟如何分工？

朱敏： 江老，您一直研究和推動法律對市場的監管，在當前經濟受到巨大衝擊的情勢下，法律到底如何合理發揮其應有的作用？

江平： 這個問題就「仁者見仁，智者見智」了。比如現在熱議的《勞動合同法》，在這個時期出臺是不是合適？據我所知，現在是兩種截然不同的看法。有些經濟學家是否定的，認為在中國當前的這種形勢下是不合時宜的，對經濟發展造成了阻礙。可是我的看法是，法律還是應該有一個基本準繩，中國隨著經濟發展對於勞動力的保護，水準肯定要提高，不能夠停留在原來的水準上。

朱敏： 有人說對勞動者保護的條件過高了。

江平： 確實可能有一些地方沒有體現出如何規定，但如果認為在時代背景下太過超前，不適合中國的國情，我不同意。因為，總要有個基本判斷的東西：要不要加強對勞動者的保護，保護到什麼樣的程度更合適。

總的來說，這部《勞動合同法》是法律和經濟相互促進的典型案例。有人認為現在《勞動合同法》造成大量的企業倒閉，失業增加，但是從國際國內經濟因素分析來看，恐怕還很難說《勞動合同法》是主要的原因。

朱敏：《勞動合同法》充當了中國法治進步的一個重要信號，用「種瓜得豆」來形容可能有失公允，但對一些企業而言，無疑成了「壓倒駱駝的最後一根稻草」。

江平：是的。像《反壟斷法》到底超前不超前？這也是個問題。國際競爭的秩序要求有一部《反壟斷法》作為「經濟憲法」來保護本國經濟利益，這個事情無可厚非。但是，裏面有些地方規定得比較模糊，不很具體，這個是可能有的。立法本身就存在多方利益的衝突，要使各種不同利益相互平衡。

朱敏：記得早在二〇〇四年，您在和吳敬璉教授關於法治與市場的對話當中強調，目前國內宏觀調控最需要填補的就是立法，認為改善宏觀調控的重要舉措是法制化，而宏觀調控的權限界定不明影響到調控效果。我們看到，二〇〇八年的經濟形勢被形容為「過山車」、「冰火兩重天」，宏觀調控面臨的法律約束缺失隱患已經愈發顯現。用法律手段來對宏觀調控的許可權進行界定，現在是不是比任何時候都顯得重要？

江平：國際金融危機的蔓延，使得西方國家紛紛使用宏觀調控的辦法來治理經濟，所以現在有人說，美國的做法好像「比社會主義還社會主義」。

這個問題對我們搞法律的人也是一個考驗。二〇〇八年上半年和下半年對經濟的看法和做法有著明顯的轉變，或者是根本的轉變。在這種情況下，有人認為現在國家宏觀調控的力度是相當大了，國務院接連的常務會議，對十大行業都做出了具體的部署。國家對於行業有了很大限制，過去很柔性的政策現在很剛性了，比如造船業，多少噸以下的不能造，不能批准，這對法律人士來說確實產生了一個問題：「公權」和「私權」到底該怎樣去理解？我們所講的那些市場經濟的法則到現在是不是過時了？

這實際上反映了兩個規律，即拯救經濟只有宏觀調控和市場機制兩種選擇，或者用國家和市場兩種手段而已。現在需要加強宏觀調控的成分更多，合理使用公權就顯得重要；過段時間不需要那麼多調控了，需要發揮市場機制作用的成分就更多，強調保護私權就顯得重要了。

朱敏：

您所提的是順勢而為的做法。儘管說，市場和計畫不是二元對立的，但會不會在積累一些計劃經濟的手段之後，容易產生路徑依賴，從而對過去改革的成果造成衝擊呢？

江平：

應該看到第二個方面，就是市場經濟還是應該作為主流，如果連市場機制都沒有，一切都由國家來分配資源，就會造成適得其反的效果。這兩者加在一起，能夠正確反映整個市場經濟法律的根本問題：還是應該以市場機制為基礎，首先要保障市場經濟主體在發展中的自主性。在自主性實現的過程中，必定每個時期側重點不一樣，但這兩者都是國家治理經濟的重要手段。比如二〇〇八年，有人認為上半年對於經濟的預見性可能差一點，所以下半年國家對於調控的力度明顯加大。

二、遵循「三段論」，社會權力仍需不斷擴大

朱敏：

還是在您和吳敬璉教授對話時，他認為應該對宏觀調控的許可權作出法律認定，規定出哪些是宏觀調控應該管的，哪些權力應該還給市場；您當時也指出，宏觀調控代表的是公權，市場經濟主體代表的是私權，而私權是市場經濟的權利和目的，所以必須承認市場經濟主體的優先權利。私權和公權到底是怎樣的順序？

江平：

這個問題首先要確定一個原則，就是在經營這個領域裏面，國家要掌握什麼樣的批准原則。在法律上，主要表現為《行政許可法》。國務院法制辦主任在做報告時專門講了一個觀點，就是：當市場經濟自己能夠解決這個問題的時候，不需要國家來規定，只需要當事人的合同來約定。當事人雙方合同約定有困難的時候，可以由仲介組織第三方來解決。只有兩者都解決不了的時候，可以要求國家來干預。這就確定了一個很重要的「三段論」原則：私權不能解決的，社會權力解決；社會權力不能解決的，公權力解決。公權力是放在最後的。

朱敏：
但現在對於社會權力，人們還沒有一個統一的認識。

江平：
社會權力的範疇，現在來說是我們法律中是最薄弱的環節。社會權力來自於社會團體組織，可是我們現在的社會團體很多是變相的公權力，實際上成了公權力的一種延伸。
西方國家的社會權力就很大，特別是在環保、衛生等涉及公共利益的團體。我們現在做得還不夠，需要我們不斷地擴大。這也是我們奮鬥的目標，應該朝著目標去做。

朱敏：
公權力應該放在最後來行使，我們看到，在這次國際金融危機的關頭，各國終於按捺不住，紛紛加大了政府干預。這裏就有一個問題，除了以法律形式明確宏觀調控的許可權和操作程序外，是否應該對因宏觀原因造成的企業損失進行相應的賠償？

江平：
在經濟危機情況下，宏觀調控給民營企業造成困難和損失，有的需要賠償，有的不需要，要劃定一個界限。
國務院有權制定法規，只要是以法規的形式出現，比如有的投資額度有明確的標準，就必須按照這個法規執行。法律和法規都沒有，那沒辦法，趕上宏觀調控啦。以前是籠統性的規定，你要造多少噸級的船舶可以向地方申請，現在一律否決，這個問題怎麼辦？國家要不要承擔賠償責任？這很難說，因為這是國家調控手段的一種。

還有一類是地方執政權力的濫用，今天項目讓上馬，明天又否決了，這樣的例子層出不窮。我碰到過一個案子，某城市原來的體育場拆了，要建設奧運體育場，批准建設完工後，一位領導來視察，認為大門太窄、停車場太小，總之缺乏氣派，於是下令拆除。這就麻煩了，那是條購物街，有許多商鋪，造成商戶損失上億。先前只有口頭通知限期拆除，後來迫於抗議又不拆了，前前後後經過了一年多的折騰。商戶損失應該怎麼算呢？向政府提出來，政府認為這是奧運會需要。像這樣拆和建全由著個別領導的話，如果沒有合法的依據，就應該給予私營企業主補償。

三、否定「擱淺論」，逐步規制市場經濟秩序

朱敏：我們不妨延續這個話題。在全球背景下的國家主義全面返潮、宏觀調控力度明顯加大的今天，中國的市場化改革空間還有多大（有一種論調說是「擱淺」了）？從歷史的角度來看，這對中國法治建設的進程而言又意味著什麼？

江平：我覺得，不要把歷史某個階段所發生的事情作為法律的普遍規律。還是要區分不同階段不同時期，比如現在發生國際金融危機，國家需要緊急控制局面，拿出四萬億來救助市場，這是一種緊急

措施，是應該的。但是，不能以此為依據來制定長遠的法律規範。所以，我不認為在特殊情況下做的政策能夠作為普遍性的規律。市場自身規則會在這個時候有所變通，有所改變。

朱敏： 經過恢復之後，市場還會回到原有的狀態嗎？

江平： 這其實就是兩個問題：市場經濟的自由和秩序。從立法的角度講是最基本的兩點，市場既要有自由也要有秩序。市場經濟沒有自由，就沒有基礎，更談不上活力，沒有秩序就產生混亂。

我們和西方國家在自由和秩序上，要找到其中的不同之處。西方國家從一開始，就是以自由經濟著稱，比如美國的西進運動，鼓勵私人開發，給予極大的自由度，那時候缺乏的是秩序——前段時間，我看了《洛克菲勒回憶錄》（大通銀行董事長大衛．洛克菲勒），這本書很多人推薦。那時候的美國只有自由，沒有市場秩序啊。一九二九年經濟危機後才逐步規範市場秩序，各種法律出臺（一年間出臺了一百五十多部法律，其中金融法就三十多部），所以現在美國的市場秩序非常完善。

那麼，中國現在規制市場秩序的法律怎麼樣呢？據中國中小企業協會會長李子彬說，按最近公佈的材料，世界排名一百二十多位。這說明中國經濟發展數一數二，市場秩序卻很靠後，產品質量的問題層出不窮。

朱敏：

不是暴露了很多嗎，包括三鹿事件。

江平：所以這個問題開始引起中央重視了，包括修改《產品質量法》、出臺《反壟斷法》，這些競爭的規則，我們很多地方都是空白。所以，我們需要在立法上填補，在執法上完善。中國是從計劃經濟轉過來的，市場經濟一開始就是既無法律又無秩序，開放市場之後是自由比較少，所以立法開始比較偏重的是在市場自由方面。比如出臺《知識產權法》、《行政許可法》、《物權法》、《債權法》等等，給市場的參與者更多的自由度，能夠真正體現和享有市場主體權利。但是現在做得還不夠開放，像壟斷行業還沒放開。

所以，要問改革的空間還有多大？我覺得還是兩個問題，市場自由和秩序的更好完善。你給市場競爭的主體更多的自由是比較好實現的，但是怎麼加強秩序的監督和管理，相對難多了。從這個角度講，我們還有許多的空間需要去做。

朱敏：一方面給予自由，另一方面要把市場規範起來，形成一個更安全有序的環境。

江平：是的，在全球經濟危機下，如何加強秩序也很重要。這其實就是一枚銀幣的兩個方面，說的是「市場規制法」，當然還得堅持在改革方向不變的前提下實現。

四、監督「四萬億」，信息透明是最好的防腐劑

朱敏：

在美國，政府救市政策通過後，隨即出臺了一系列實實在在的監督措施，包括成立經濟恢復計畫透明和問責委員會，監督資金使用，並建立一個專門網站及時公佈資金去向；在中國，國務院總理溫家寶「兩會」期間在會見中外記者時表示，新增的「四萬億」投資項目都是經過論證的，而且將會全部公開，全過程接受監管。政府救市政策應該如何保證立項及實施的透明化？

江平：

我們知道，西方國家的議會一個最大的權力是監督預算，錢到底是怎麼花的，納稅人當然有權知曉去向，向老百姓借錢（國債、地方債）都是要通過議會解決的。美國兩次救市方案都是經過眾議院和參議院的重重審核才通過。這是它能掌控政府的最大權力。

反觀我們國家來看，《預算法》就差多了，「四萬億」根本不需要人大審核，在這點上人大的預算監督是差強人意。我也當過第七屆的人大代表，討論預算的時候，還堅持保密原則，籠統列出幾項，看完就收回。二〇〇九年的預算那麼巨大，財政部隨時有權增加，《預算法》形同虛設。

但是，儘管如此，這次「四萬億」投資應該是透明的，政府信息的公開化，是能夠有效監督的最重要的管道。

朱敏：

拿歐巴馬政府來說，所通過救助的企業高管工資要受國家監督，美國AIG公司卻給自己管理人員發分紅獎金，這明顯是違法了。

江平：對，雖然金融界有自己的規矩，有人說接受了國家的補貼，並不代表改變人家原有的制度，但你畢竟違背了美國的法律。所以，有了法律之後必須按照法律規定來做，如果規避了這條法律，政府有權拿回納稅人的錢。這就需要，一方面群眾監督，另一方面政府要及時制止違規行為。

朱敏：也有人說，咱們實施救市方案跟西方有個差別，就是社會主義制度決策效率高、執行速度快。怎樣看這種觀點？

江平：美國「陽光法案」在上世紀三十年代初有一句話：「路燈是最好的警察」。只有在透明的情況下，才能減少犯罪的發生。一直在黑暗中不透明地做，那是最容易產生腐敗的行為。所以，現在公權力最大的是解決透明度的問題。只有解決透明度，才能保證公權力不被私權所用。

朱敏：說到這點，我想起二〇〇九年「兩會」前夕，很多學者和線民紛紛要求全國人大在監督政府工作方面扮演更大的角色，尤其是在「四萬億」刺激經濟投資方案的分配和實際用途上。「兩會」期間，吳邦國委員長作全國人大常委會工作報告時特別講到，人大監督不是與「一府兩院」唱「對臺戲」。

江平：吳邦國同志講的人大和政府不唱「對臺戲」，我理解更多的是，在危機的情況下，我想在決策思想上還是要統一的，不像兩黨制、多黨制，在野黨就是故意挑執政黨的過錯。但話反過來說，監督就是唱「對臺戲」，也是正確的。我們不搞三權分立，但是並不否認監督的權力。最高的立法和監督是人大的兩大職能。權力必須要有分工和制約，沒有的話是會產生腐敗的，這是很明顯的道理。監督就是看你在執法過程中還存在哪些問題，比如說對《產品質量法》的監督、對工礦企業的安全監督，需要你從裏面找毛病、找問題，從這裏理解就是需要唱「對臺戲」。

朱敏：作為一種普世的法則，監督的範圍和度都應有所考量。

江平：對，從權力的分工和制約來看，監督權作為基本原則是絕對不能變的。

五、築好「安全網」，用法治改革促進公平正義

朱敏：

誠如溫家寶總理在政府工作報告中所指出，當前一些涉及民眾切身利益的問題沒有根本緩解，社會保障、教育、醫療、收入分配、社會治安等方面存在不少亟待解決的問題，市場秩序不規範，市場監管和執法不到位，社會誠信體系不健全，食品安全事件和安全生產重特大事故接連發生。您認為法治如何保障市場經濟秩序？

江平：

關於這個問題，涉及到現在討論最熱的《社會保障法》，目前正在廣泛徵求意見。對於社會保障制度（作為一個社會重要的「安全網」），社會各界總的來說都是擁護的。一個國家沒有建立完善的社會保障制度怎麼行啊？

《社會保障法》以前也曾多次討論如何完善，最後都擱淺了，最重要的原因是社會保障必須要有金錢做保障，沒有足夠的財政資金無法保障全體民眾的利益。在這裏面，如何把八億農民也納入全民保險是非常困難的。坦率地說，社會保障制度是隨著國家財力的不斷增大而發展的。有些城市現在發消費券，可以看出，只要是經濟實力強的地區保障就更完善。

醫療和社會保險，是現階段中國最突出的問題。我沒有太多的專門研究，但涉及到收入的分配、公共事務的投入，大多不是立法的問題，更多是執法的問題。比如現在對高收入的人提高稅

收，基本的法律規定有了，但是否能縮小兩極之差，這是執法的問題。這很難做到有效監控，關鍵是執法太鬆，缺乏執法處罰的力度。

朱敏：說到執法，現在似乎有一種傾向：更多的不是關注富人群體而是小商小販等弱勢群體，執法不當是很普遍的現象。

江平：我們曾經多次討論遺產稅的徵收，現在也是沒有下文。在發達國家遺產稅是非常重要的財政收入，有媒體報導日本的一些貴族過世後，土地遺產是天文數字，而遺產稅必須用現金交付，當然就必須拿土地變賣了。這樣看來，遺產稅確實是「殺富濟貧」的重要手段。

雖然中國不存在太多私有土地的問題，但是現在不動產越來越多，遺產稅有很大的徵收空間。

六、「中國金融監管問題依然堪憂」

朱敏：在政府大規模出臺救市措施的特殊背景下，放開價格管制會不會提上日程？

江平：

我覺得逐步放開是符合市場規律的。當然現在情況不同了，前幾年是物價難以控制，石油價格飛漲，煤電價格也上漲。現在的局勢是產品價格下降了，由於價格難以控制所造成的危機已經小多了，所以現在是更好理順價格關係的時候。

朱敏： 比如說，過去發電廠多生產一度電就要賠很多錢，現在電煤的價格大幅下降，這種情況基本不存在了。價格應該和成本平衡，不能說多生產一度電就賠很多錢，這必須要改變，要不然生產者沒有積極性，只剩下國有企業在做，國家還得補助你。所以，我覺得現在是理順價格的時候，價格應該能夠更好地解決。煤電油運，這些最基本的一些民生產品，應該盡可能地符合市場規律。

關於政府現行的結構性減稅和推進稅費改革問題，溫家寶總理表示，二〇〇九年將採取減稅、退稅或抵免稅等多種方式減輕企業和居民稅負，促進企業投資和居民消費，增強微觀經濟活力。您認為稅費政策存在哪些不合理的地方，法治環境如何保障納稅人的權益？

江平： 究竟稅制怎麼改革，我覺得兩個問題可以考慮：一是中國現在的稅費問題主要是對經營者的徵收負擔比較重，過高的稅收肯定不利於企業的經營，尤其在金融危機大量企業倒閉的情況下，你不減稅免稅，就不可能有太多的積極性。因此，在這種背景下，國家應該扶持投資的積極性，還稅於民。二是縮小收入之間的差距，比如個人所得稅，二千元的起徵點也太低了吧？

朱敏： 政府工作報告中指出，「國際金融危機還在蔓延、仍未見底。國際市場需求繼續萎縮，全球通貨緊縮趨勢明顯，貿易保護主義抬頭，外部經濟環境更加嚴峻，不確定因素顯著增多。」這種形勢下，出口企業如何應對國際和國內法制環境？

江平：

出口企業現在最大的問題是，不可預見的風險加大了，由於匯率、價格或者政府管制的原因，有些本來合同承諾的最後很難兌現。

如果需要法律環境來解決這一問題，就是你在訂立國際合同交易時，要把可能發生的風險因素歸納進來，這是非常必要的。比如，加上在國際原材料價格波動的時候允許雙方再次談判，尤其是匯率大幅波動時要備註條款，這樣可以避免損失。

所以，我們現在要更注意合同裏面的預見性、科學性和準確性。在法律規定中，雙方發生了問題，合同就是唯一的依據啊。現在有《交易法》、《國際貿易法》，應該是有法可循的，關鍵是我們能不能定得更準確。我覺得這是大有可為的，操作性非常強。

朱敏：

全球金融危機爆發以來，中央開始實施適度寬鬆的貨幣政策，要求貨幣政策在促進經濟增長方面發揮更加積極的作用。一時間，地方債、民間金融迅速放開，在中國金融、股市還沒完善的情形下，應當如何依法建立相應的監督體系？

江平：

中國政府過去是長期不允許地方政府發行債務的，這次總算是放開了一些。但是這個沒有法律依據，到底地方是怎麼發行、發行多少、擔保的制度如何……

朱敏：這應該是在《預算法》的框架下執行的，對嗎？

江平：對。不過，在沒有法律保護的情況下，購買的人對於風險的預見性就不可而知，這種問題應該是從完善法制來推進。我們國家往往是因為改革，促進一些措施，先做後立法。實際上就是行政權力太大了，有些做法我不贊同。所以，雖然中國的金融問題不像美國的次貸危機那樣巨大，但是中國金融監管的問題依然堪憂，風險還是不能忽視的。

第四章

破解「深水區」的經改難題

一、超高速增長後，經濟回調是必然

朱敏：

您長期支持和參與中國經濟體制改革，對國內經濟形勢有著深刻的思考。以您的觀察，時下中國經濟體現出的問題主要來自哪裏？

張卓元：

我認為主要有兩個原因。首先，中國近幾年確實發展得太快了，經濟超高速增長是不可持續的；其次，外部的衝擊，世界經濟環境惡化，一直以出口為導向的中國經濟自然出現問題，反過來影響國內。兩個因素疊加，於是就使得國內經濟增長下滑。

朱敏：

記得早在二〇〇四年，您就認為中國經濟已有點過熱，早晚會暴露問題。

張卓元：

二〇〇八年下半年以來，中國經濟面臨連續五年多超高速增長後陷入失衡，加上國際金融危機的衝擊越來越嚴重，經濟增速明顯下滑，第四季度GDP增速下滑至百分之六．八，十一、十二月，電力生產和消費、進出口貿易、財政收入（十一月）甚至出現負增長。從現在的形勢看，經濟收縮趨勢尚未遏制住。

我們看建國以來以及改革三十年的實踐證明，兩位數的增長，特別是連年的兩位數增長是不可持續的，即使沒有金融危機也不行，出口依存度那麼高，明擺著肯定要回調的。還有，出口太快所付出的環境和資源代價太大，所以國家也及時調整了政策：擴內需、保增長。

二、以資源換增長，高速發展不划算

朱敏：在剛剛提出四萬億投資時，就有人擔心這是不是在飲鴆止渴或以毒攻毒。如此巨大的投資，下半年會不會產生新的通脹？

張卓元：通脹還不是主要的問題，現在最令人擔心的是用進一步的產能過剩來治理現在的產能過剩。我覺得擴大投資需求比較容易，而擴大消費需求特別難。中央經濟工作會議提的方針是正確的，以擴大內需為主要途徑，轉變經濟增長方式、調整結構是著力點和主攻方向；還有就是以改革開放為動力，改善民生是出發點和落腳點，這些都是正確的。

朱敏：真正的風險在哪？

張卓元：

現在主要問題是，靠擴大投資來保增長是有風險的，投資如果習慣性地主要投向「鐵公基」（鐵路、公路、基礎設施）和一些重化工業，可能會造成新一輪的產能過剩。現在看來，中央投資項目比較合理，有不少改善民生的項目，這類投資有助於提高消費水準，但是地方投資項目就難說了。有報導披露，一些原來被認為不能上的兩高一資（高能耗、高污染、資源型）項目，又在醞釀重新上馬，死灰復燃。這就有可能形成惡性循環，企求用新一輪的產能過剩來克服原來的產能過剩，出現過去計劃經濟時期常見的「水多了加麵，麵多了加水」不斷地自我循環的窘況。

地方一旦投資失控，可能到最後中央也沒有辦法。現在不是寬鬆的宏觀政策嘛，結果中國的銀行一月新發放貸款一・六二萬億元，是二〇〇八年同期兩倍以上。有跡象顯示，一些借款人可能將現金轉入了投機市場，而不是實體經濟中。許多投資者認為，二〇〇九年上證綜合指數的飆升在某種程度上就是因為貸款資金進入了股市，而沒有用於可能改善中國經濟前景的經營活動中。這就太可怕了！

三、調整宏觀政策，產能過剩或重現

朱敏：

您怎樣看待中央這次提出實施積極的財政政策和適度寬鬆的貨幣政策？為什麼把保增長作為宏

觀調控的首要任務？

張卓元：

在經濟寒流嚴重襲擊下，政府及時調整宏觀經濟政策，把保持經濟平穩較快發展作為二〇〇九年經濟工作的首要任務，包括實施積極的財政政策和適度寬鬆的貨幣政策。現在看來，調整宏觀經濟政策，特別是實施積極的即擴張性的財政政策，以保百分之八左右的經濟增長，是非常及時的，也是完全必要的。

實施積極的財政政策之所以必要，主要是近幾個月經濟下滑過猛，遠超出人們的預期。大量工廠關閉或停產，失業人員增加很多。比如，有報導稱，中國約有二千萬農民工由於經濟不景氣失去工作，或者沒有找到工作而返鄉，占外出就業農民工總數的百分之十五．三。這不但是一個巨大的經濟問題，而且是一個巨大的社會問題。因此，需要實行擴張性的財政政策，政府出手促進經濟增長，核心是促進就業。這是市場經濟國家的通行做法，實踐證明是行之有效的。

朱敏：

保增長、保就業是以擴大內需作為根本途徑的，您認為擴大內需存在什麼難度？

張卓元：

擴大內需是必然選擇，這幾年我國內外需嚴重失衡，經濟增長過分依賴外需。一九九八年亞洲金融危機時，我國對外出口依存度（即出口占GDP比重）為百分之十八，而到二〇〇七年則上升到百分之三十八；內需不足，特別是消費需求嚴重不足，最終消費率降到百分之五十以下，其中居民消費占的比重更降到百分之四十以下。

國際金融危機爆發後，發達國家一個接一個陷入經濟衰退之中，進口需求銳減，導致我國大批出口企業訂單減少，出口萎縮，甚至處於停產狀態。所以，要抑制經濟的嚴重下滑，就必須擴大內需，改變經濟增長過分依賴出口拉動的局面。

實際上，二〇〇八年底，中央政府已經緊急啟動擴大內需政策。二〇〇八年十一月國務院提出四萬億元投資刺激計畫，各省市又提出了本地區的投資刺激計畫加總起來達二十三．五萬億元。與此同時，長期建設國債擬發行數一再加碼，二〇〇九年一年發行數額就將遠遠大於一九九八～二〇〇〇年三年實施積極的財政政策時的三千六百億元。

上述投資計畫將逐步落實，從而推動經濟增長。只要國際金融危機不出現意想不到的嚴重惡化，在中央和地方兩個積極性都調動起來的情況下，保增長問題不大，估計二〇〇九年下半年經濟很有可能在密集的投資帶動下轉暖。

朱敏：

總的政策沒有問題，但是還有些爭議，比如擴內需，主要力量是擴投資還是擴消費？

張卓元：

可以有不同的組合選擇。我認為現在一個勁地投資也有問題，特別是到了地方，過去被否了的項目又重新上馬，影響生態環境，等於用新的產能過剩解決暫時的問題。這是肯定不行的。

四、著眼國內現實，擴大內需遇兩難

朱敏：
在國際金融危機繼續加深的背景下，這次提出「保八」（即GDP增長百分之八），究竟能不能做到？

張卓元：
我個人認為要「保八」並不太難，難的是後面的幾個配套，比如轉變經濟增長方式、調整結構、節能減排、改善民生等。

又好又快是擴大消費需求中值得研究的問題。應該著力提高低收入群體的收入和消費水準，而不要把提高中產者的收入水準放在第一位。這對改善投資和消費結構有好處。所以，怎麼樣擴大消費方面，要更多地想辦法擴大需求，而且更具體一點。

朱敏：
您認為究竟如何才能擴內需以及保增長、保就業？

張卓元：
擴大內需包括擴大投資需求和擴大消費需求兩個方面。我們國家長期投資增速過快，擴內需應著力擴大消費需求。十七大報告說，「堅持擴大國內需求特別是消費需求的方針，促進經濟增長由主要依靠投資、出口拉動向依靠消費、投資、出口協調拉動轉變。」但是實際做起來很難。

主要是因為，擴內需促增長短期見效要靠擴大投資需求，而靠擴大消費需求有利於調整結構和長期的持續增長，但不易短期見效。目前政府部門的主要傾向還是著力擴大投資需求，投資於產業鏈條長的工業項目。

只有一些經濟學家認為應當主要擴大消費需求。有人說，中國這幾年消費增長已經不慢了，很難大步加快。的確，靠常規的辦法，消費增長難以大幅度提高，居民的收入水準也難以大幅度提高。所以，如果要較大幅度提高消費特別是居民的消費比重，就要另有大的動作，要靠財政拿錢，而這會影響投資。

朱敏：

保增長、擴內需、調結構，最難的是調結構，這一點您怎麼看？

張卓元：

調結構就是要轉變經濟增長方式或發展方式。這是很艱巨的任務，且要用慢功夫，急不得，甚至在本屆政府任期內不一定能明顯見效。所以，一些政府部門很難選擇它作為工作著力點。他們優先選擇的是保這兩年經濟增速不要掉到百分之八以下，哪怕要上一些「兩高一資」項目也在所不惜，盡可能把矛盾往後推移。

調結構和轉變經濟發展方式，一方面要著力提高自主創新能力，節能降耗減排，這是一個硬功夫，沒有四五年以上努力難有大的成效。另一方面要深化改革，使經濟社會轉入科學發展軌道。這包括，不再用GDP增速作為考核政府官員政績的主要標準，理順要素和資源的價格，提高市場開放度，開徵環保稅，加快向公共財政轉型等，這些，有的同短期保增長會有一定的矛盾，因而不容易出臺。

這次燃油稅出臺也說明改革之難。如果不是國際市場油價下跌三分之二多，叫喊了多年的燃油稅是無法出臺的。現在出臺的燃油稅稅負似乎也太低，對節能的作用不夠大。

五、改革蹚進深水，壟斷破局憑膽識

朱敏：

此前的經濟發展，很大程度上是依靠資源和壟斷實現的，壟斷行業的壁壘能否打破？

張卓元：

現在一些壟斷行業，民間資本想進入非常困難，包括金融、電信等等，尤其是鐵路，「鐵老大」的問題到現在也沒有解決。當它一家壟斷時，任何費用都算成成本，人們根本搞不清楚它究竟是賺錢還是虧損。

解決方法非常重要的一條就是要「自上而下」，找一些利益之外的人來設計改革方案。比如對鐵路的改革，非得要鐵道部同意才能改革，那樣就很難辦了。已經形成的利益集團，自然要保護自己的收益。所以改革一定要自上而下、有力地推進。

現在深層次的改革不敢輕易動，既得利益抵制得厲害。這讓我想起一九九四年那次財稅改革，朱鎔基總理花了多大的精力，跑了三十多個省，一個省一個省談，相當艱苦啊！但是，結果還是比較成功的，現在要想推行那種改革太難了。

一九九八年的改革也值得我們借鑒，比如說金融，為什麼那麼多中小企業倒閉？就是因為中小銀行太少了！當然開放還是會出現監管問題，但是你得先開放再說啊。

朱敏：您分析得很到位，希望在二〇〇九年「兩會」期間關於壟斷部門和行業的改革會成為討論熱點。

張卓元：但是，我們要清醒地認識到，打破壟斷是很難的，它像「玻璃門」，看上去通的，實際上是進不去的。

朱敏：民營企業「減負」問題您怎麼看？針對中小企業大批量倒閉，「兩會」應當會有這一議題。

張卓元：現在老百姓要辦個小企業，那些公安、城管、稅務，甚至街道……風氣非常不好，明著拿、要，不給就罰！我總覺得反腐力度還是太輕。

六、預測未來走勢，休整過後有晴空

朱敏：

在經歷了連續五年兩位數增長後，二○○九年GDP增速可能劇降，很多人擔心能否保持既定目標。您對未來經濟增速有何看法？

張卓元：

總體來看，中國未來經濟有良好的前景。首先我們有很高的儲蓄率，儲蓄可以轉化為投資，投資可以促進經濟增長；第二，中國有廣闊的市場，特別是潛在市場，農民、農村的消費水準和收入都還很低；第三，中國有很充沛的勞動力，他們一般有初中以上文化，技術力量增長很快。另外，我們的體制也在不斷完善中，不斷給經濟注入新活力，這也很重要。

但是，未來中國要建立完善的社會主義市場經濟體制，可能有些難度，因為還有若干領域改革要攻堅，包括國有企業改革、壟斷行業改革、分配關係改革。當前中國經濟正在下滑，GDP經過二○○三年到二○○七年五年的兩位數高速增長，也該適時休整了。

我認為休整期間，主要須解決兩個問題：一是增長方式或發展方式轉變；一是解決幾方面經濟失衡的問題，比如內需與外需，消費與投資、出口比例不協調的問題。

朱敏：

請您預測一下中國經濟的前景走勢。

張卓元：中國經濟本來就該要休整、放緩時，碰上了國際金融危機，導致從二〇〇八年開始下滑。在政府出臺很多救市政策的情況下，我估計整個經濟不會出現負增長，只是增長速度下滑。但一些具體指標會出現負增長，例如出口量、發電量等。中央經濟工作會議提出二〇〇九年要「保八」，估計經過努力是能夠實現的。二〇一〇年，GDP恢復到百分之九左右的正常範圍，是可以做到的。

七、解困中國經濟，諫言經改重點

朱敏：二〇〇九年「兩會」前夕出現了諸多改革熱點。作為中國多次經濟體制改革的參與者，能否提出一些解困當前局面的建議？

張卓元：總的一點，我認為實施擴張性宏觀經濟政策，要同深化改革相結合。只有這樣，才能使保增長、擴內需、調結構緊密聯繫起來，才能使積極的財政政策更好地發揮促進經濟增長的作用。

我們要認真研究一九九八年那次實施積極的財政政策克服通貨緊縮的經驗，特別是研究那次實施積極的財政政策同深化改革緊密結合的成功經驗。一九九八年以後幾項大的改革是很成功的，比如，取消福利分房制度，使此後房地產產業大發展；國有大中型企業三年脫困改革，使大批國有大中型企業逐步適應市場競爭並迅速發展壯大；剝離國有大型商業銀行不良資產，總數達一萬四千億元，充實資本金，改善治理，為後來成功上市打下基礎；二〇〇一年加入世貿組織，有力地促進了中國開放型經濟的發展……

所以，這次實施積極的財政政策，使經濟更好地走出困境，看來也要考慮在改革方面應有較大的謀劃，儘管上面說了有其困難重重的一面，甚至有的改革在短期內同保增長有不完全一致的方面，但從全局和稍微長遠一點看是有利於經濟增長的，還是要下決心推進。

朱敏：中國的經濟體制改革到底如何繼續推進？您認為哪些領域是最急迫解決的？

張卓元：首先，我們要抓住國際市場資源特別是能源產品價格下跌的機遇，積極推進資源能源產品價格改革，使它們的價格能反映市場供求關係、資源稀缺程度和環境損害成本。應致力於改革價格形成機制，放鬆政府管制，而不是靠政府去理順價格。這是一項基礎性改革，因為減少以至消除資源能源價格的扭曲，對資源節約型社會建設、轉變經濟增長方式、優化資源配置，實踐經驗反覆證明具有決定性意義。

其次，要深化壟斷行業改革，放寬服務業市場准入，引入競爭機制，對加快金融、電信、鐵路、公用事業、文化教育醫療衛生事業的發展，優化產業結構，提高第三產業的比重，增加服務業就業崗位，有重要作用。現階段保增長主要是要保就業，而要增加就業崗位，主要靠發展第三產業。這就必須克服各種體制障礙，打破各種「玻璃門」，在可以放開市場的所有領域放開市場，引入競爭機制。

朱敏：

您所說的打破服務行業壟斷，像電信、金融、文化教育、衛生，在目前時局下，有無實現的可行性？

張卓元：

電信、民航改革，要更多地引入戰略投資者；未來鐵路部門改革，首先要政企分開。還有一些完全國有的企業，可以使它投資主體多元化，從改善公司治理的層面來提高效率，方法不完全一樣。

再有，要盡快建立銀行存款保險制度。這次國際金融危機告訴我們，建立和健全銀行存款保險制度，對於金融穩定，至關重要。與一九二九年世界經濟危機發生社會動盪不安不同，這次國際金融危機沒有出現各國老百姓擠兌現象，得益於銀行存款保險制度的建立和健全。我們要吸取這一行之有效的做法，抓緊建立這一有利於金融穩定的制度。

還有，要深化財政體制改革，盡快實現向公共財政轉型。要擴大消費、改善民生，就要使財政盡快從經濟建設型財政向公共財政轉型，逐步實現基本公共服務均等化。實施積極的財政政策，擴大財政支出，應將大部分用於民生工程，增進人民群眾特別是低收入人群的福利。這對合理調整投資與消費結構，也有重要意義。

我們國家的財稅體制也有問題，某些程度上這種體制使得結構調整難以為繼，比如分稅制，你要有錢才能做項目，這是體制造成的。

朱敏：

現在的財稅體制改革阻力很大，不敢大動。按理說，比較合理的是以直接稅為主，間接稅為輔。西方的發達國家都是如此，而我們正好相反，所以地方政府一上工業項目就有稅收，像那些文化、旅遊等第三產業收不了多少稅，這不是逼著它們搞重工業嗎？

但是現在有些地方政府的利益出發點，包括對產業的取捨，更多會考慮能否獲得更多的財政稅收，而針對當前中央和地方利益分配比例，地方往往抱怨自己拿到的太少。

張卓元：

十六屆六中全會的時候，還曾經動議過要把中央的比例增加，主要考慮的是解決東西部差異，把更多的中央財政轉移到西部去，但最後還是沒有成行。

最重要的一點就是要推進政府改革，轉變政策職能。政府不應以追求GDP增速作為主要目標，而應以人為本，轉變為服務型政府，履行好經濟調節、市場監管、社會管理和公共服務職能。政府介入經濟活動過深，扮演資源配置主角，就會刻意追求短期GDP最大化，不但不利於經濟發展方式轉變，而且必然使經濟增長付出資源環境代價越來越大，使發展不可持續，禍及子孫後代。

朱敏：

其實服務業的促進，關鍵是解決地方政府動力引擎的問題，如果沒有動力，強制也是沒有作用的。比如財稅制度改革，如果能夠向服務業有所側重，地方政府應當會更有發展服務業的積極性。

張卓元：

是這樣的。但說到底，最終問題還是要推進各項有助於提高中低收入者收入水準、有助於擴大消費的各項改革。包括，較大幅度提高財政對農村合作醫療的補助金額（第一步先從每人每年一百元提高到二百元），提高個人所得稅起徵點（如從二千元提高到三千元甚至再多一點），繼續推動家電和電子產品大規模、低價格進入農村市場，提高最低生活補助標準，建立廉租房等保障性用房的穩定的資金來源，建立對農民工失業的援助制度等等。

中國經濟改革已進入攻堅階段。有一些改革，容易受既得利益群體的阻撓和反對，改革很難邁步，因此，必須有黨和政府自上而下的有力推動，才能使改革深入下去。當前，經濟形勢比較嚴峻，這也有利於大家努力從改革找出路，使改革獲得較大的動力。重要的是抓住這一有利時機，適時推出必要的改革，積極配合擴張性的宏觀經濟政策，爭取早日實現經濟復甦。

八、惕防中國經濟的「阿基里斯之踵」

朱敏：

在您看來，中國經濟發展當前所面臨根本性的瓶頸，乃是資源與體制。要突破瓶頸，唯有改革一途。最難且最急迫的改革，在於轉變政府職能、財稅改革、價格改革等三大領域。資源能源的價格改革是其中的基礎性改革，只有在此基礎上才談得上資源的優化配置；否則只能是表面上「優化」，實際上卻在斷送子孫後代的活路。

張卓元：對啊。國家發改委對全球二千五百家公司的調查報告結論是，要節約能源，百分之五十五靠價格改革（此外，技術進步、結構調整、節約環保意識等因素各占百分之十幾）。中國能源彈性係數高於一，高耗能行業發展過快，背後原因是價格過低，未能反映資源的稀缺性。因此，應當積極推進資源能源產品價格改革，使它們的價格能真實反映市場供求關係、資源稀缺程度和環境損害成本，旨在改革價格形成機制，放鬆政府管制，而非靠政府去理順價格，從根本機制上防止價格的人為扭曲，從而給企業的生產經營、社會的經濟運行以一個準確的信號。

中國在能源問題上的認識加深和戰略成熟，近年來體現得尤為明顯。但在實踐層面依然問題很多。二〇〇九年上半年，一些地方的優惠電價被國家發改委叫停，卻又屢禁不止。

朱敏：為什麼地方政府對高能耗、重工業投資如此情有獨鍾？

張卓元：這是因為，能源價格問題事實上涉及到另外兩個改革領域。一是涉及到財稅體制改革。地方對產業的取捨，更多考慮的是能否獲得更多的財政稅收。要擴大消費、改善民生，就要使財政盡快從經濟建設型財政向公共財政轉型，逐步實現基本公共服務均等化。

我們前面也談到，當前財稅體制改革阻力很大，未敢大動。按理說，比較合理的是以直接稅為主、間接稅為輔，西方發達國家皆是如此。但中國正好相反。所以地方政府一上重工業項目就有稅收，而那些文化、旅遊等第三產業則收不了多少稅。這不是逼著它們搞重工業嘛！

二是涉及到各級政府職能轉變。眾所周知，現代政府不應以追求GDP增速作為主要目標，而應以人為本，作為服務型政府，履行好經濟調節、市場監管、社會管理和公共服務職能。一旦政府介入經濟活動過深，扮演資源配置的主角，必然會刻意追求短期GDP最大化。

朱敏：

能源領域作為關鍵領域，在中國經濟體制改革進程中，其改革難度既包括利益紛爭的因素，又有尚未釐清的理論因素。那麼，我們應當如何看待能源產業目前正在進行的國有大型企業兼併重組的意義？

張卓元：

實際上，判斷國有或民營的合理性，主要看的還是具體領域誰更有優勢。在需要承擔公共義務和社會責任的領域，投資大、見效慢，民營企業達不到的領域，自然還是國有經濟占主導為好；至於大型能源企業的效率和活力，還是要通過競爭、哪怕是國有與國有之間的競爭來提高，還是要通過股東多元化、改善公司治理來提高。現階段，保增長的實質就是保就業，而要增加就業崗位，必須克服各種體制障礙，打破各種「玻璃門」，在可以放開市場的任何領域引入競爭機制。

中國能源界近年來以結構調整為工作主線，其實就是要轉變經濟發展模式。這一方面要求著力提高自主創新能力、節能降耗減排；另一方面要深化改革，使經濟社會轉入科學發展軌道。

但這說來容易，實在又難見其效，在本屆政府任期內都未見得能有明顯改善。也正因見效之慢，一些地方政府部門很難選擇它為真正的工作著力點。基於目前的財稅體制和幹部考核機制，他們的「最優」選擇，就是保住自己在位的這兩年，經濟增速不要掉到預設的百分之八以下，即便今後為此背上沉重的包袱，也不惜上馬那些原本已被棄如敝屣的「兩高一資」項目，盡可能將矛盾往後推移……但願，這不會成為中國經濟的「阿基里斯之踵」。

第五章

調整結構
應以消費為綱

一、經濟復甦，重在加快結構調整

朱敏：我們知道，自本世紀初以來，全球經濟持續了多年的高增長，直到二〇〇八年初以美國金融危機為標誌出現重大轉折。對這場危機的根本原因，西方主流經濟學家有很多種解釋，諸如華爾街的貪婪、監管不力、高槓桿率等等。

夏斌：這些原因固然重要，但我們在二〇〇八年底、二〇〇九年初，反覆強調這些原因都屬於技術性的、第二層次的。我認為這場危機的根本原因，是在本輪經濟全球化中，美國政府錯判了形勢，宏觀決策失誤，拼命擴張信用、刺激房地產市場泡沫、擴大消費，想以此維持並促進經濟的高增長。所以從美國政府的主觀角度來講，是由於政策失誤。我說的原因，美國政府和官方經濟學家是不會承認的。不過最近美國一些著名經濟學家也持有我這樣的觀點。

美國政策的失誤，之所以能夠犯這麼大的事，英國、德國、歐洲央行、中國宏觀政策失誤能有這麼大的事嗎？不可能。說明這場危機背後還有深刻的制度原因。那就是以美元為主導的國際貨幣體系有問題。

朱敏：是否可以這樣理解：某種意義上說，美國正是利用了這樣的制度，主觀上判斷失誤，客觀上拼命發行美元，才造成了這麼大的「事故」？

夏斌：

是的。其大背景是經濟全球化。美國是想利用全球化，推動全球化。沒想到，他「偷雞不成蝕把米」。另外，在危機爆發的二〇〇七年，小布希曾經批評「華爾街喝醉了」，我補充小布希的話：華爾街喝醉了，酒是誰送的？相當部分是中國送的。現在華爾街不喝了，我們就要自己喝，就需要擴大內需、擴大消費。原來華爾街喝的是XO，我們中國人一般不喝這個酒。北京人喝二鍋頭、南方人喝花雕，那麼我們就需要進行產業、產品結構調整。

朱敏：

應該說，全球經濟近七八年就是這樣的發展路徑。

夏斌：

所以在目前情況下，世界經濟兩大「發動機」，一個是美國，一個是中國，都面臨著重大的結構調整。美國可能比中國更加困難。歐巴馬正在推動醫療保險改革。美國有議員最近說，美國出現了自他從政以來從沒出現過的國內老百姓情緒的對立，甚至有人把歐巴馬畫成希特勒的模樣，說他是反白人的民族主義者。而且，美國白宮前段時間剛剛宣佈，今後的十年財政赤字要達到九萬億美元。所以，美國在推進醫療保險改革的同時，又要加快結構調整，刺激經濟，無非是要多一點出口、多一點投資，不能再像以前那樣，把資源更多地放在金融、服務上。其結果會怎麼樣？必然會出現美元貶值。因此，美國的經濟未來形勢存在很多的不確定性。

朱敏：

您解析的這個原因，涉及到的關鍵問題是國際貨幣體系的改革，這也是一段時間以來持續爭論的話題。我們經濟學家的反覆討論，到底可以產生多大作用？

夏斌：我想，如果沒有美國政府的積極推動和參與，對國際貨幣體系的改革，就不要抱有太大希望。我在一次會上，曾讓余永定教授把此話轉告諾貝爾獎得主史迪格里茲教授。當然，作為經濟學家來回討論是無可置疑的，也有可能推動國際貨幣體系中間的某些細節改動，但是從根本上要解決當今世界貨幣體系的不穩定，是不容易的。那麼，能不能讓美國像中國節能減排、低碳經濟問題的思路一樣，從一點一點做起，從眼前做起？最主要的，就是讓制定國際貨幣體系遊戲規則的程序稍微改一點點，比方說，在國際貨幣基金組織（IMF）中，美國百分之十七的投票權能不能稍微縮減一點？

美國應該從長遠的國際經濟持續穩定角度出發，要有個姿態。我相信中國政府在低碳經濟問題上，肯定會從全球的角度，從雙方協商的角度，會有姿態。那麼，在國際貨幣體系問題上，美國政府也應該像中國對低碳經濟的態度那樣，一點一點，從眼前做起。

朱敏：這樣說來，談國際貨幣體系的實質改革似乎言之過早。那關於世界經濟復甦，尤其是中國和美國在經濟復甦中的結構調整問題，您又怎麼看？

夏斌：我認為中國的結構不平衡問題相對好解決，也有條件解決，我有信心，關鍵是政府的決策。取決於決策的決心和決策的時機。這是我的基本判斷，不展開說。

從美國角度說，我認為美國比較難。當前美國社會兩大問題，一個是經濟問題，一個是歐巴馬總統自己說的，是從他執政以來最艱難的問題，它不是經濟問題，是醫保改革問題。歐巴馬也下定決心，準備以不連任總統為代價來解決這個問題。

中國經濟將來的風險是增長下滑的問題，美國的風險則不僅僅是這個問題。因為制定大量的赤字預算時，相信美國官方經濟學家和政策智囊，潛在的思考是想先渡過目前的難關，完了以後還是想恢復歷史上的經驗做法，先貶值，然後再升值，通過資本市場融資。

在此，我們應該對今後五年、十年世界資本市場格局會出現什麼變化，進行全新的思考。我曾對美國主流經濟學家說過，不要簡單按照歷史上曾經成功的做法來規劃今後的預算。如果這麼做的話，我認為很危險。因為在這樣的戰略引導下，有可能把美國這個經濟上、軍事上的霸權國家，引向更快下滑的方向。

朱敏：

您這句話的潛臺詞是？

夏斌：

就是說，其他國家在這輪金融危機之後，對世界資本市場格局的看法，對「去美元化」的傾向，美國經濟學家不能不重視。從長期看，你再升值時，全球的資金還會不會像過去歷史上曾經演繹過的一樣，又大量地回到美國，要打個問號。不管南美也好、俄羅斯也好、中東也好，都在想少用美元，用本幣做結算和投資。包括我們也在想人民幣國際化的問題。由於各個國家都看到了當前國際貨幣體系的問題，所以，美國制訂未來財政預算政策要注意新情況的出現。不要犯經驗主義的錯誤。

二、結構調整，期待消費率提高

朱敏：
中國上半年經濟復甦的基礎並不牢固，大家都同意，但對於下半年的貨幣政策，您為什麼強調「不僅是總量政策，更應是結構政策」？這似乎是中國經濟學家為數不多的觀點？

夏斌：
首先要指出，之所以要關注復甦中的結構問題，是由於我們整個經濟系統結構的不合理、不均衡，影響了我們整個經濟系統的穩定，影響了增長的可持續性。討論結構問題是討論GDP的增長問題，是討論總量問題。

眼前討論產能過剩問題，當然也涉及增長不可持續的問題，但是當前討論結構問題絕不僅僅是去討論經濟系統中間一個子系統的結構問題，比如能源供給問題、某一個產品的供給結構問題等等。現在討論這個問題，是從總量出發，經濟能不能在復甦形勢下保持下去，這是個重大問題。

朱敏：
進一步講，影響當前經濟增長主要的結構問題是什麼？

夏斌：
關於結構問題，我認為時下有很多觀點存在誤區，容易混淆幾個不同類型的問題，應該清醒認識和釐清這一問題。比如：

地區結構、城鄉結構問題，是涉及財政轉移支出、投資資金的分配、消費支出，一般討論的是既定消費總量的分配，更多時候談的是在一定的投資總量下，如何向落後地區、向農村傾斜，講的是既定總量下的投資分配問題。

產業結構，講一二三產業結構，講的是一定投資總量下的合理分配問題，也是講的投資本身的問題。

產品結構，是講產能的分配，是講投資量的分配，涉及的意義是防止產品過剩，防止資源浪費、環境污染，防止不良貸款。但是解決了這個結構問題，也解決不了當前中國主要的經濟矛盾，解決不了中國復甦中的主要結構矛盾。

而收入分配結構問題，更多的是涉及低收入群體的收入提高問題，涉及擴大消費的問題。但是，第一，改善收入分配結構不是提高居民消費率的全部含義，因為消費政策本身又涉及其他一些重要的政策，例如投資政策需要配合。第二，我們是在講宏觀經濟中的結構失衡，講總量中間、總系統中間的結構失衡，因此是涉及總量的指標，即投資、消費、淨出口之間的失衡。所以收入分配問題不是總量的直接表現。收入分配結構不合理，是形成總量結構失衡的重要原因之一，因為收入分配問題解決不好，才產生了高儲蓄，低消費的問題，因此可以說這是第二層次的結構問題。而高儲蓄、低消費結構問題，是結果，是各種原因性結構不合理的集中反映。

當前中國經濟中的主要結構問題是高儲蓄、低消費問題。總儲蓄減去投資等於出口。現在出口減少了，暴露出一系列問題。如果消費上不去，一味擴大投資，可能在將來某個時候，不是表現在這塊產能過剩就是那塊產能過剩的問題。

朱敏：為什麼說高儲蓄、低消費是最主要的結構問題？

夏斌：因為美國危機後，全球復甦要有一個長期過程。我們現在通過擴大投資來彌補出口缺口。但過度投資既可能有赤字問題，又有產能過剩問題，所以要長期保持百分之八甚至更高的增長，必須增加消費，這是主要矛盾。因為不能因投資不足而不斷擴大赤字。赤字不斷擴大下去是挺不住的。如果美國及全球復甦很難，出口減少了，中國的產能還要保持一定的增長速度，必須靠中國消費者。

我七月七日在溫家寶總理面前曾講，小布希把美國危機比喻為「華爾街喝醉了」，現在美國不喝了，必須中國自己喝，這沒招。靠增長消費來解決主要矛盾，這是保增長的關鍵。從這個意義上說，保住了消費，就是保住了增長，也保住了民生。保消費就是保增長、保民生。也是在這個意義上，我當日曾對總理講，下半年及二〇一〇年經濟工作的重點，不是簡單的總量政策，而是結構政策，不應該僅僅突出投資政策，而應該突出長期難以解決的消費政策。要抓短期政策，更要抓中短期政策的結合。

朱敏：就此意義上說，宏觀調控重點方向應是在繼續維護經濟復甦趨勢的基礎上，突出以消費為主導的結構調整。問題是，以新的增長因素逐步取代傳統的增長因素具體有什麼路徑？或者說，究竟如何擴大消費？

夏斌：

首先，在年初四月全國政協經濟委員會議上和總理召集的專家座談會上，我講了要結合中國國情，制訂「以消費為主導」的國家發展綱要，從上到下要下達每年提高居民消費率的指標。現在十大振業規劃中恰恰沒有振業消費的規劃。從國務院到各地方政府，應該給自己下定量提高居民消費的指標，像抓節能減排指標一樣定指標，嚴格抓，抓上三五年，自然就扭轉過來了。

朱敏：

聽上去像是要搞一場自上而下「以消費為綱」的運動。但是，政府定了這種「強制」色彩的消費指標，經濟就能上去？

夏斌：

肯定能上去，但也需要一系列配套的措施支撐和保障。我現在只是談簡單的思路，如果可行，不妨進一步研究操作細節。這是第一點。

其次，完善收入分配的各項政策。這個不多說了，涉及較多方面，現在政府都在做，譬如，農村醫保、城市低保、醫療教育等等。不過我認為，個人所得稅起徵點可以再提高點，讓利於民，擴大消費，到頭來有助於GDP和稅收。

再者，政府不要僅僅算當年財政部的收入賬，要算國家收入賬，算國家資產負債表的賬，通過讓利於民，刺激經濟。中國已經快成為世界第二大經濟體了，我認為從讓一部分人先富裕到共同富裕，現在已經能做一點事了。下面從經濟體平衡的角度再提兩條建議：

一是進一步擴大國有企業分紅的範圍，地方國有企業都要分紅。為什麼中央國企分紅，地方國企不分？另外，分紅的比例，可以動態地調整，如何調整，資本說了算。分紅的錢統一充實各級財政預算，救窮人，補消費。

二是有計劃地減少國企中的政府持股比例，包括非上市的公司、集團。現在減持股份的是上市公司，我的意思是一些上市公司上面的集團、全國非上市企業，都可以按照國家戰略，除了需要保持相對控股和絕對控股之外的，剩下的股權都可以有計劃地慢慢出讓。

朱敏：誰來買？

夏斌：中國是個高儲蓄率的國家，民間資金有的是，讓老百姓，讓民營資本來投資。政府轉讓股權拿了錢，由國家統一納入預算，用於擴大消費、支持三農等。中國現在不是沒有錢，有的是錢。我經常講，中央企業十八萬億的資產，做得好相當部分可以變成老百姓「碗裏的肉」，就是消費。而且如果參照市盈率出售，價格還不會低，這是一筆很大的財產。

朱敏：那麼，如何積極培育居民消費的資本性收入來源？

夏斌：剛才講到，政府出讓一部分股份讓民間持有，只是改變了持有人結構，整個社會投資率並不變。培養新的居民消費的資本性收入來源：在四萬億中間，二〇〇九年分一半，二〇一〇年還有，應該「讓利於民」。只要能夠賺錢、有盈利的項目，都讓民間資金來參與，包括道路、交通等項目。地方政府不要發債去搞項目。其次，倒計時、限令有關部門盡快拿出放寬民間資金進入有關領域的方案。如果不行，委託市場機構研究。另外，培育資本性收入來源，即提高居民的財產收入來源，已寫入黨的十七大文件。但我們不應該鼓勵老百姓到虛擬資產中去，把房地產市場作為資本性收入、財產收入的主要來源，這對於長期穩定宏觀經濟非常不利。我們應該把房地產市場作為消費市場，不斷進行規範。

再有就是加快戶籍管理改革。大城市一時難以做到的，先放開中小城市，讓一部分農民工賺錢以後到中小城市落戶。在發展中小城市城鎮建設的同時，推動城鎮消費，提高居民消費。抓城鎮化建設很重要，這是改變高儲蓄、低消費結構問題的重要途徑。

總之，我認為關於提升消費的政策措施，應該像溫家寶總理講的四萬億投資「出手要快，出拳要狠」一樣，否則會耽誤時機。

三、改革攻堅，國企分紅意在長遠

朱敏：

在解決促進新消費的資金來源問題上，您曾提議「應進一步擴大國有企業的分紅範圍，有計劃地減少國有企業的政府持股比例，以增加國家財力來大力扶持居民消費」。基於中國的國情，擴大國企分紅範圍，落實起來能否衝破重重阻力？

夏斌：

有兩條措施。第一條措施是，進一步擴大國企分紅範圍，有計劃地減少國有企業的政府持股比例，以增加國家當年財力，大力扶植居民消費。目前，不管是改善居民收入分配結構，還是擴大內需中的居民消費水準；不管是進一步提高全社會社保水準，還是進一步推進基本公共服務均等化，都直接受制於當年的國家財政收入狀況。因此，必須通過制度改革，增加財力，擴展消費。有阻力不怕，只要中央下決心，就能做好。

朱敏：

財政安排二〇〇九年出現百分之三左右的赤字。若要進一步增加財政支出，無疑有困難。

夏斌：

我認為，這時不僅要算當年財政部的財政收入賬，更要算國家大賬，算國家收入賬，算國家資產負債表賬。因為負債累累的美國、日本政府與我國政府手中掌握的財力相比，根本不能比。中國政府手中掌握了中央、地方國企及金融企業優良資產有十幾萬億元。要進一步增強提高居民消費的國家財力，我們是有餘力、有空間的。一是除了對中央企業繼續認真執行國企資本分紅制度、充實中央財政預算外，對各級地方國資企業也可執行國企資本分紅制度，以充實地方財力或者減少中央財政的轉移支出。而且，分紅的比例可以動態執行，酌情提高。二是可以在目前國企持股的上市公司部分股權劃撥社保基金的基礎上，進一步對上市公司的國資控股母公司以及未涉及上市的一切國有企業，根據國家戰略意圖，除需要繼續保持絕對或相對控股比例之外的，可以有計劃、有選擇地逐步減少政府的持股比例，向市場競售。

中國是個高儲蓄率國家。政府減持後，不是簡單地吃光、分光，而是歡迎民間資本投資投股，整個社會的投資率並不降低。

朱敏：政府減持部分股權後獲得的資金，是否應該全部納入財政預算，用於國家提高居民消費和公共財政能力的統一安排？

夏斌：對啊。這是第一條措施。

第二條措施是，加快組織和擴大民間資本進入投資領域，提高投資中的民營資本占比。今後，對政府新增投資項目，包括在這一輪中央和地方刺激經濟中安排的「四萬億」項目，只要是有盈利回報的項目，除需要貫徹國家戰略意圖之外的，各級政府應該堅決做到「不與民爭利」。鼓勵和放寬政策，盡可能吸引私人資金投資工業、市政設施、金融、醫療和教育等領域。政府騰出資金後，同樣去充實居民消費和公共財政的資金來源。

與此相適應，金融的投融資制度一定要跟上。在吸引民間資金方面，社會上已討論了很長時間。現在的關鍵是要抓落實，要加快有關領域的制度改革。應該做到，哪方面有阻力，就堅決改革哪方面的制度。如果中央政府有決心改革，有關部門改革方案遲遲拿不出，中央政府可以同時委託市場機構去研究、出方案，給有關部門施加壓力，提高執政效率。

朱敏：在當前擴大投資的情況下，鼓勵民間投資跟進的意義，不僅僅是刺激經濟的短期意義，更重要的是，如何看到它對解決中國經濟可持續增長的中長期意義。

夏斌：

對，意義應該說是顯而易見的。首先，政府通過減持部分股份和減少投資，各級財政可省下一大筆投資或者可以持續增加一大筆收入，集中用於擴大消費、提高居民消費率和增強公共財政實力，有助於解決經濟可持續性增長中的結構問題。

其次，中國是個高儲蓄率國家。由部分民間投資替換國企投資，只是改變了投資人性質，整個社會投資率水準並不變，因此既不影響當前刺激投資的需要，也不影響將來經濟增長中合理的投資需求。

再者，如果不以部分民間投資替換國企投資，容易出現國企投資↓賺錢↓再投資的循環，進而出現改革中「國進民退」現象的加重，出現當前房地產市場上炒作「地王」的多半是國企的現象。如果以部分民間私人投資替換國企投資，而且如果由於私人投資更多的是通過創新金融工具，集聚眾多居民儲蓄進行投資，則投資回報率越高，越有利於解決收入分配結構問題；投資回報率越高，越有利於刺激居民消費。特別是如果進一步放寬市政設施和休閒養生、文化娛樂、醫院教育等服務產業的投資門檻與限制，將會進一步提升我國居民的服務性消費水準，有助於形成我國投資與消費的良性循環。

眾多案例表明，私人投資的產權約束力強，比國有投資講究效益，有利於防止低效、重複投資，同樣有利於防止重大項目投資中防不勝防的各種腐敗現象（當然，不排除私人投資中也會出現為爭項目而產生的行賄腐敗）。

朱敏：而且從更大的趨勢來看，與國有投資相比，私人投資由於受產權約束，也不容易助長經濟的大起大落。

夏斌：是的，這個觀點我在一些文章中曾作過宣傳。鼓勵民間私人投資工業、市政設施等實體經濟，是鼓勵老百姓在中國經濟持續高增長中得到更多的資本收入意義上的財產收入，而不是鼓勵老百姓得到更多的房地產市場等虛擬資產市場意義上的財產收入。此時，如果政府再配以切實可行的政策措施予以引導，更是有助於克服中國經濟增長中的泡沫現象。國外一些事例已表明，將房地產市場主要作為居民消費市場而不是資產市場的國家，如德國，其經濟增長中就不容易出現資產泡沫。

採取以上兩條措施，同樣是讓國民充分享受改革開放的豐碩成果。中國已成為世界第三大經濟體，當今，也有條件在讓一部分人先富裕起來之後，逐步探索解決共同富裕的道路，使整個社會更加和諧穩定地發展。

四、危機之後，中國企業未雨綢繆

朱敏：

再回到經濟主體企業層面。金融危機以來，美國經濟結構處於大調整之中，中國巨大的製造能力、巨大的產能怎麼辦？如何從「生產大國」走向「消費大國」？

夏斌：

關於這個問題可以這麼來看。第一，能出口的盡可能保出口，增加出口。我們現在是投資、消費、淨出口三大比例有點失衡。這既是當今世界經濟格局的反映，當然也是我們要致力於調整的方向。但是，從世界經濟的歷史看、從長遠看、從中國的崛起看，我們現在的淨出口在三大比例中間需要相對調整，但並不意味絕對量需要減少。中國在崛起、中國在趕超，「中國製造」的絕對量還要大大增加。現在是三大比例失調，需要調整。

但是我們必須清楚，我國出口占全球出口的比例還不過是百分之七～百分之八，二〇〇七年是百分之七左右。而英國經濟在它的頂峰時期，一八七〇年英國出口占全球出口的比例達到百分之十八．九，快百分之二十了。美國在其頂峰時期，一九五〇年美國出口占全球出口的比例曾經高達百分之十六．八。也就是說，現在我們的投資、消費、淨出口比例不平衡，是有問題，但是從中國崛起、中國製造在世界的位置來說，與英、美歷史頂峰時期相比，我們還差得遠。

第二，從大趨勢看，今後的十年、二十年，「金磚四國」、亞洲經濟將進一步保持快速增長，世界經濟的重心在向東移。我們企業的製造、物流、銷售、產品設計，包括在全球的兼併，要未雨綢繆，要抓住時間，順應世界經濟發展的潮流，向東移。向東盟、亞洲移，向非洲、拉美國家移。企業家的眼睛不要光盯著美國、歐盟和日本，要盯新興國家的發展中國家。但是在全球經濟格局變化的情況下，我們要未雨綢繆，先走一步。

第三，我相信我在二〇〇八年危機剛爆發時說的話，即美國的金融危機對中國來說，是壞事，同時又是好事，給中國帶來了兩大機遇。因為全球經濟失衡，各個國家的原有經濟結構走不下去，必須要結構調整。眼前看，中國政府也困難重重，在抓緊結構調整。但是，我相信過五到八年以後，兩大機遇之一，就是中國會逐漸成為消費大國的機遇。

現在我們正在很痛苦地調整，幾年後，居民的消費能力將比今天有快速增長。因此，中國的企業界，要睜大眼睛，當好中國大消費市場的「好獵手」。

朱敏：

面對不斷變化的中國消費群體，如何研究、借鑒發達國家居民消費是怎麼走過來的？在走過來的過程當中，他們的消費興趣是什麼？

夏斌：

我認為，在這方面，我們的企業家可以從五個方面考慮。一是開發新產品，加快消費品的升級換代，包括高檔休閒和奢侈品消費。二是順應節能環保的大趨勢，創新各種節能環保的消費品，佔領未來幾十年消費品競爭力的制高點。三是細心研究中國農村大市場和準備不斷進城的幾億農民工吃、穿、住、行的消費特點，抓住中國大眾化的基礎性消費品的開發。四是圍繞主消費內容，如住房、汽車等，仔細觀察、細心研究主消費的衍生消費。在這方面，企業家比我精通多了，我只是點到而已。比如說，圍繞住房的家庭裝飾、日常用品、汽車上的導向圖，以及配套的郊野遠行、用品等等。五是配合中國人均收入水準在不斷提高和中國老齡化的趨勢，不斷地創新和開發新的消費內容，就是有些老百姓現在沒有想到的消費內容，比如說休閒、醫療養生、老人護理、兒童智力開發、不同內容的家政服務、教育養生等等。

我相信，只要順應全球潮流，抓住全球結構調整的機會，抓住中國大消費市場崛起的機會，開動腦筋，埋頭苦幹，中國企業界頭頂上的光環，不僅僅是「中國製造」的光環，而應該產生更多的「中國服務」的光環、「世界辦公室」的光環、「中國市場開拓者」的光環。

五、對房地產市場的宏觀思考

朱敏：

關於房地產市場的討論，是當前宏觀經濟領域討論中問題最多、意見最不易統一的領域。鑒於此，目前要選擇從長期看來是正確的調控政策，必須先就討論中經常出現的似是而非的觀點，從宏觀角度予以理論上的澄清。基於澄清後的正確認識，可以說調控房市的長期政策傾向本應是清晰的、簡單的。

夏斌：

對！首先就是房價的長期與短期問題。

媒體上經常將上海、北京房價與香港比，認為中國房價將持續上漲。確實，如果看好中國經濟持續高增長和再過二十年經濟總量將逼近美國、中國人均收入水準不斷提高的前景；如果看好中國經濟在進一步提高全球化水準過程中城市化進程的加快，北京、上海等大城市將更加繁榮這一歷史必然，由於土地資源有限，從長期看，房價會呈上漲的趨勢。但是，也應該看到，因為經濟週期調整的原因、因為目前房地產市場尚未成熟，政策尚需不斷完善的因素、因為人口老齡化，城市獨生子女家庭繼承雙方父輩房產逐漸增多的因素、或是宏觀政策出現重大失誤後的調整因素等等。

由於諸多的不確定性，決定了在某個歷史時期，房價未必一定是漲，也許是跌，或者漲的趨勢根本不是現在人們所預期的走勢。因此，投資房市特別是借錢進行投資，也許就會遭到嚴重損失，甚至是傾家蕩產。所以，討論房價問題，要防止輿論上將長期與短期問題混淆。

其次是民生與市場的問題。

經過近幾年對房地產市場宏觀調控政策的摸索，人們越來越清楚，居民住房問題不僅是個市場問題，也是個民生問題、社會政治問題。調控房市，首先必須基本保障每個公民有最起碼的居住權，需要對一部分收入水準較低的家庭，以非市場化的廉租房形式予以保障。在此前提下，才談得上對除廉租房性質之外的一切住房，從宏觀經濟變數間平衡的角度出發予以市場化調控。

因此，基於中國人均收入水準仍處於較低階段的特點，基於國民福利水準的提高是個漸進過程的特點，在調控中，只要是確保了宏觀經濟的基本平衡，即使面對居民改善性住房及其他房價的上升，輿論上的引導，不能給居民購買改善性住房和大學生畢業沒幾年就可以按揭買房，以更高的期望值。

同樣，在調控中，面對改善性住房及其他房價的下跌，也不必驚慌失措，應盡量由市場規律發生作用。因為只要宏觀經濟保持了基本的平衡，短期內房價出現較大幅度的漲跌，並不意味宏觀調控出了問題，需要研究解決的可能是一個不成熟房地產市場中的其他政策制度的問題。只有區分了民生與市場的關係問題，宏觀調控才有主動權，才有空間。

再者是支柱產業與虛擬資產問題。

毫無疑問，房地產市場已是我國重要的支柱產業。儘管如此，我們也應承認，當前的中國，買房既可作為消費，又可作為投資，這也是一個現實。因此，如果政策引導不當，房價上漲預期較快，這時購房的投資、投機因素往往是大於消費因素，虛擬資產的特徵會明顯突出。而在實際生活中，支柱產業因素與虛擬資產因素又是混合、同時存在的。虛擬資產因素往往又是宏觀經濟週期過度波動的干擾因素。

因此，基於宏觀調控的長期政策思考，第一，應想盡辦法消除房市中虛擬資產因素對宏觀經濟週期波動的負面影響；第二，即使作為支柱產業也不是鼓勵其做得越大越好，似乎一說支柱產業就不應該在一定時期採取壓縮、限制其過快發展的政策。因此對一個支柱產業同樣應在宏觀經濟總量保持平衡的前提下，考慮其在增長與物價諸平衡間的取捨問題。特別是在當今流動性過多、存在資產價格上升壓力的情況下，且房市本身諸多制度還不完善、調控房市的政策尚處摸索階段時，更要關注其虛擬資產因素對宏觀經濟的負面影響。

在這方面，中國要吸取世界各國發展房地產市場中的經驗與教訓。凡是將房市作為消費市場的，一國經濟週期波動就比較小，如德國等。凡是將房市作為投資市場的，一國經濟週期波動就比較大，如美國、日本、西班牙等。基於此現實，「十七大」文件提出要提高老百姓的財產收入，應鼓勵老百姓從投資實體經濟中獲得更多的財產收入（資本回報），而不是鼓勵老百姓從投資虛擬資產市場去獲得不穩定的財產收入（靠資產價格上漲）。

還有就是跨期消費與信用膨脹的問題。

美國金融危機後，使越來越多的人看清了，中國經濟不可持續的問題之一，是結構問題。集中反映諸多結構問題的突出表現是「高儲蓄、低消費」的結構問題。因此，擴大消費是當今宏觀經濟政策調整中的核心內容。由此出發，鼓勵居民利用金融功能進行跨期消費是題中之義。但是，跨期消費應該不應該有個「度」？「度」在哪裏？這同樣又必須從居民可支配收入的增長與宏觀經濟穩定發展的平衡角度進行思考。

相對於房價的持續、快速上漲，如果居民可支配收入增長較慢，此時宏觀經濟週期波動較大而出現利率水準的頻繁調整，原按揭利率水準較低的貸款或首付比例較低的貸款，有可能出現貸款償付風險，或者出現信用膨脹的宏觀風險。因此，從宏觀經濟平衡增長出發，必須對跨期消費要有一個「度」的控制。既要允許跨期消費，又要防止信用過度膨脹。在這個方面，美國金融危機已提供了一個典型的反面教訓。

朱敏：

基於您以上四點宏觀思考，面對中國當前房市調控中的一系列政策，有些政策在短期內加以糾偏、調整有一定的難度，但從中長期看，必須毫不動搖予以明確堅持的原則有哪些？

夏斌：

第一，對民生與市場問題，要有清晰的區別政策，不能含糊不清；第二，必須運用稅收、金融等手段，減弱房地產市場中的虛擬資產市場因素；第三，只要是涉及金融放大功能的，一定要堅持一定的監管限制政策；同時，當前認為金融政策是決定房地產冷熱的輿論，是不正確的、危險的，要加以正確引導。

在運用金融功能支持房地產企業進行跨期生產和支持居民跨期消費時，不能僅僅看到其實體經濟意義上的投資與消費的作用，而忽視其宏觀風險。必須把房地產市場調控政策之一的金融政策，置於經濟增長與物價、經濟增長與信用供給、國際收支平衡的最基本的長期考量中。

總之，只要在解決好房市中的民生問題，並將房市按消費品市場進行一定風險度控制的制度約束，中國的房市自然會出現一個穩定發展的走勢，政府的宏觀調控也不會因房市過度波動而帶來煩惱與被動。

眼前，上述政策的調整，也許會影響房地產行業，進而影響復甦中的投資增長。對此，調整策略可採取：首先，堅持漸變、先易後難、逐步銜接的原則，準備花二～三年的時間調整到位；其次，保持清醒認識，對於短期內投資下降的問題，也絕不採取簡單的飲鴆止渴政策，不遷就從長期看早應解決的制度問題。應盡快通過改革，以改善其他方面的宏觀經濟政策和投資消費政策予以彌補。

第六章

以金融的邏輯驅散陰霾

一、匡正輿論誤區，金融邏輯PK貨幣戰爭

朱敏：

據我所知，您的著作《金融的邏輯》，主要是根據當前中國熱點問題，基於金融學邏輯，對轉型期中國社會經濟所作的冷峻思考，得以在金融危機拐點乍現的背景下出版。

陳志武：

是的。過去一年多來，有本《貨幣戰爭》給公眾產生了諸多誤導，不少朋友都一直考慮如何理性回擊。因為它本身就是「歪門邪道」，就像看金庸的小說一樣不能太當真。其實，作者對現代金融到底是怎麼一回事，對金融交易和金融市場對於社會的貢獻到底是怎麼一回事，理解都非常欠缺。我覺得，他給中國開出的藥方是不得要領的。

針對於此，《金融的邏輯》更多從正統、正道的角度來理解金融，包括金融到底是怎麼回事、怎麼才能經營得好；而不是那種從上往下看、講一些金融大家和金融財團的歷史、內容充斥著剝削和陰謀的論調……那樣導向不好，不能給後人一個學習的機會，也會對領導層的決策產生誤導。

朱敏：

的確，如何對《貨幣戰爭》中具有誤導傾向的觀點有禮有節地予以回擊，令人期待，難得的是您遠在異國卻能洞若觀火。

陳志武：

幾個月前，大家一談起美國的金融，還都想到的是「危機」，實際上危機在三月份已經探底。兩個月前，實體經濟已經明顯復甦，估計美國經濟三季度會有百分之二的增長，這使得人們對美國金融負面的態度也開始發生變化，回歸理性的認識。在這種背景下，《金融的邏輯》出版，也能夠讓公眾從更理性更具有建設性的角度來看待金融。其實我本人也沒有想到，出版的時候會遇到這個轉捩點。

朱敏：也是恰逢其時。不過話說回來，關於金融的陰謀論，在中國為什麼能夠這樣流行？

陳志武：中國社會總體上還存在著比較相信迷信的風氣，那種陰謀論，與其說是科學的理論視角，還不如說是一種迷信。像《貨幣戰爭》所宣稱的，一小撮金融巨頭掌握了眾多的金融資源，具備了巨大的金融實力之後，可以產生巨大的控制能力，由此剝削了社會，控制了政治，引發了戰爭。這些聽起來貌似很過癮，但是，沒有講清楚的是，這些人背後是怎樣發展起來的？就像我們當年教科書的邏輯：西方的跨國集團總是在掠奪、剝削，如此定調之後，沒有給中國社會以及學界一個機會反問——為什麼這些跨國公司在中國會經營得很好？

朱敏：「為什麼」，這也恰恰是您試圖解答的。

陳志武：因為，跨國公司面臨的政治、文化、制度環境，包括人種環境，這些因素都是非常不利的經營因素。這些公司到了國外之後，是怎樣克服方方面面挑戰的？包括他們的人身安全、財產安全和禮儀安全，他們有些什麼技巧和方法去開拓市場？這些都值得我們學習。

以前，沒有從另外的角度來問這些問題，所以沒有給知識界學習的機會，以至於中國的公司今天要走出去的時候，回過頭來看一看，原來的教科書和教育裏面，沒有可以給中國的公司提供什麼幫助的。沒有讓海爾這些公司走出去的時候，吸取西方跨國公司的經驗，減少繳學費和少走彎路的機會。原因就是以前的西方式掠奪、帝國主義陰謀論的宣傳教育所致。

朱敏：

不難想見，如此特殊的宣傳教育，是否使人們產生了習慣於片面化甚至妖魔化事物的思維和邏輯?!這種認知上的誤區一旦成為某種社會共識，又必然引致近乎臉譜式的文化氛圍和社會語境。對我們的良性發展而言，貽害匪淺。

陳志武：

歸根結底，是沒有給人們問為什麼的機會，英文講的「why」和「how」。連提問的機會都沒有，就沒辦法去學習，更無法挖掘背後的知識和道理。

二、正視私人銀行，依託市場力量制約公權

朱敏：

《貨幣戰爭》一書中，「揭秘」了美聯儲為「私有的中央銀行」。以金融的邏輯來講，這個問題該怎麼看？

陳志武：

這是該書作者搜集的原始資料裏面，很大的一個誤導人的地方。他本人一直強調一個基本前提，就是貨幣的發行權必須掌握在政府和公權力的手裏。

根據這個假定，《貨幣戰爭》看待美聯儲和英格蘭銀行，不是以歷史演變為背景，而是以現在的政治格局作為一個價值尺碼看問題，這是非常誤導人的地方。實際上，在人類歷史上，貨幣發行權掌握在政府手裏，是近幾十年才出現的。

舉個例子，二十世紀五〇年代的中國存在好幾種貨幣，三〇年代更是種類繁多，中央和地方都在發行自己的貨幣。往上追溯至晚清和民國初期，山東省各個縣都有自己的貨幣，而且銀錢和銅錢彼此不同。有美國學者研究，當時貨幣之間的差價懸殊甚大，煙臺等沿海地區的三千錢才換一兩銀子，內陸的縣可能是一千五百或二千錢換一兩銀子，差距懸殊卻同樣可以維繫下來。同時，內陸的銅錢和鐵錢相對受歡迎，而沿海的銀錢更貴，原因是跨地區的貿易，往往以銀子做貨幣兌換；而內陸的縣更多的是農貿市場交易，更受歡迎的是碎錢。

朱敏：中國古代的當鋪、錢莊、票號等民間金融市場一直比較興盛，甚至很繁榮。

陳志武：對，在中國歷史上，尤其是到二十世紀中期，各個省都有自己的紙幣和金屬幣，銀錢和銅錢的成色不同，比價差別也很大。因此，歷史上除了官錢之外，私錢歷來就有。

朱敏：西方國家也存在同樣的狀況啊。

陳志武：這其實和民主憲政有關係，當公權力受到社會制約太強的時候，有私錢做銀行，做貨幣發行，可以使中央集權受到老百姓的制約，不會把金融的財富全部集中到政府的手裏、給社會帶來巨大的公害。如果單獨存在官錢，朝廷轉移民脂民膏的能力達到極致，後果就難以想像。

所以，《貨幣戰爭》抨擊美聯儲是私人銀行的股東做起來的背景，一點都不奇怪，因為人類所有的金融發展史皆是如此。再者，對於私人銀行掌握貨幣發行權，人們不必看得那麼可怕，就像今天的香港，儘管貨幣發行權掌握在滙豐、渣打、中國銀行的手裏，並不是由政府公權力控制，但它的金融秩序、社會秩序照樣運轉良好。所以，私有銀行控制貨幣發行並不意味著其會濫用，因為有市場的力量來制約貨幣發行權。

我覺得，人類幾千年的歷史經驗告訴我們，寧可把貨幣發行權留給市場，留給民間的金融機構，也不能完全掌控在公權力手中。至少因為市場的壓力，避免了許多混亂和風險。

朱敏：

正因如此，山西的票號，多數時候還是經營得頗為興旺的，因為它們要想使自己的錢莊世世代代經營下去，就必須懂得信譽和聲譽的重要性；濫發票號，最後會導致自己的錢莊崩潰。

陳志武：

沒錯。事實上，《貨幣戰爭》的邏輯有許多隱形的假設，最後一概沒有解析清楚。整本書自始至終貫穿著一個基本的假設：民間私人銀行或私人股東掌握貨幣發行權，是絕對不允許的事情。我認為，這是一個很糟糕的邏輯。

朱敏：

這種邏輯之所以會風靡，本身就暗合了公權力至上的時代背景。

陳志武：

所以說，這本書總體上就是一種迷信，就是歪門邪道。作者不做基礎科學的論證，不以實證資料經過系統地研究而得出結論，實際上是似是而非的邏輯。因此，我們不需要找資料去證明他的假設和結論。

三、教育滯後之痛，九十年後仍不識「賽先生」

朱敏：

「不做基礎科學的論證，不以實證資料經過系統地研究而得出結論」，這折射到的究竟是什麼層面的問題？

陳志武：

我認為，這件事情反映了中國的教育體制問題。正因為中國的教育體系，從幼稚園到大學，不是培養人們去問問題、獨立思考進行科學地反思，而是一味地愚昧接受、死記硬背。所以非常遺憾，九十年前的五四運動就提倡「賽先生」，而九十年後的今天，整個中國社會還是一個更相信迷信、不相信科學的社會。

相較於當時五四青年的先知先覺，我們這個時代的人對不起那些先烈的奮鬥。九十年後我們擁有的現代化資源比起過去好多了，卻依然無法掌握「賽先生」的精神。

朱敏：

能否最終釐清一下這個問題的根本矛盾？

陳志武：

追根究底，問題還是出在教育上。我們不妨再看中國產業結構升級問題，這是絕對受到教育約束的一個典型。中國的教育側重硬技術，由此產生的人才結構，使中國即使想實現從製造業到服務業的轉型也非常困難。從上幼稚園到讀研究生，中國教育一直強調死記硬背應對考試，強調看得見摸得著的硬技能。這樣的教育體制使中國差不多也只能從事製造業。建立創新型社會必須側重思辨能力的培養，也必須重視綜合人文社會科學的訓練。只看重硬技術、偏重訓練工程思維，這樣離開市場和人性的研究，難以建立價值。

西方的情形則不然。為了支持以服務業為主的創新型社會，美國自幼稚園開始，思辨能力的訓練就是教育的重點。學校要求在四年級以前，就要讓小孩掌握科學方法，主要分幾步：一是問題的提出，就是為什麼；二是根據問題，進行邏輯推理；三是為證明自己的假設，去收集實際資料；四是分析，根據實際資料證明假設的正確性；第五步是總結，把所有的過程記錄下來，得出結論。

我的兩個女兒從小接受美國的教育。到四年級時，她們已經把科學分析掌握到看待任何事情，變成一種本能的思辨能力，每當聽到一個東西不是馬上接受，而是問：為什麼？

所以，美國的教育不是為了考試，而是讓人學會思辨，培養頭腦，避免被愚弄。思辨能力的培養，讓學生聽到任何話都自然去懷疑、審視，然後去尋找證據證明這個話邏輯上、事實上或資料上是否站得住腳。這種習慣看起來簡單，但卻是培養自主思考非常重要的開端。同時，還能夠把思想表達得很清楚，給人以足夠的說服力。

朱敏：

目前，中國經濟社會轉型、產業結構升級、創新型國家建設等多方面的願望和渴求迫切，實現這種教育轉型尤為重要。

陳志武：

但現在中國社會的教育還不甚樂觀。比如，在申購股票代碼時，大家都不喜歡以4結尾的數字，而是喜歡8和9，沒有人會懷疑以8和9結尾的股票的回報。後來，我和北大的一位教授做了一個研究，結果表明以4結尾的股票長遠回報卻更高。

朱敏：

企圖獲得一種基於迷信的「紅利」，一些人總要為自己的愚昧買單啊。

陳志武：

這說明中國還不是以「賽先生」占主導的社會。

在經歷了二百年全球化的運動之後，西方文明給中國帶來了巨大的衝擊，但是在人們一時還沒有弄明白、甚至一些決策者還沒有弄明白的情況下，卻發現：落後的體制並沒有妨礙到中國科學技術和經濟規模的發展，照樣讓過去三十年滄海變桑田。這令人感歎，因為全球化的好處在於，先進的經濟基礎可以模仿，由此實現飛速的增長，這也是中國所謂的科學家、工程師沒有完全理解「賽先生」精髓的原因。畢竟，一個工程師也許不需要搞清楚真理，只要你會照著原理製作，完全可以生產。

正是全球化所帶來的自由貿易和世界軟秩序，才使得中國可以在短短三十年內，實現如此飛速的發展——以至於更多的人開始麻木起來，不去追問「為什麼」。

四、回首法案歷程，金融創新有賴體系支撐

朱敏：

在金融危機全面爆發之後，國內有些人開始有所膨脹了，普遍認為中國比西方將更快走出危機、更快實現復甦。遺憾的是，正因為這種經濟模式下的增長來得太容易、太迅速，反而使得國人易於虛妄，不去研究一些實質性的問題。

陳志武：

因而，中國長期的經濟發展，接下來的道路，更需要的是制度機制的改革。民主法治才是更加基礎性、更加重要的工作。

我最近接觸一些中高層人士，發現有的已經開始飄飄然了。對他們講法治和科學，無疑是對牛彈琴。許多人開始對美國經濟危機幸災樂禍，但他們忽略了美國制度的修復能力。美國之所以成長為世界超級大國絕不是偶然，背後的制度依賴，和模仿是完全不一樣的。

前段時間，我在做電視訪談時曾說，不要以為歐巴馬在走社會主義道路。因為從長遠來看，所有發達國家的成功，都是自由競爭的結果。美國雖然在上世紀三〇年代實行羅斯福新政，增加政府功能拯救經濟危機，但是到了八〇年代雷根做總統時就逐漸放鬆了管制，柯林頓在九〇年代總體上沒有強化太多的管制，所以成就了美國真正最有活力和創新精神的自主創業輝煌期。

英國當年也是因為實行自由經濟才推動了十八世紀、十九世紀的繁榮，但今天的現狀卻很遺

憾，原因是什麼呢？最近的一項研究發現，英國的上市公司，前十位相當於所有交易量百分之七十～百分之八十，剩下就是很小的中小企業。原來，英國在「一戰」和「二戰」之後推出了太多的政府管制政策，比如，英國股票要徵收百分之〇．五的印花稅，這比現在中國的還要高得多。這些政策使得二戰後英國的資本市場停滯不前甚至走向衰退，逐漸被美國所超越。

因此，從各國的發展經歷來看，政府管制得越多，越會損害一個國家的發展活力和新經濟的推進。

朱敏：

在美國，一九九九年柯林頓政府廢除了《格拉斯—斯蒂格爾法案》以及其他一些相關法律中有關限制商業銀行、證券公司和保險公司跨行業經營的條款，從而使美國金融業從立法上告別了分業經營的歷史，邁向了混業經營的時代。這些做法確實為美國在創新道路上發揮了不少作用。

陳志武：

是的，可以這麼說。最初，《格拉斯—斯蒂格爾法案》（又稱《一九三三年銀行法》）作為羅斯福總統上任後實施的新政策之一，起到了兩個方面的積極作用：一是符合當時的國家利益，與其他法律、政策共同作用，有效地遏止了災難的根源——資本市場的混亂，恢復了公眾對國家和金融體系的信心；二是法案只花費了較小的成本，受到商業銀行和投資銀行的共同歡迎。但是進入二十世紀九〇年代後，美國銀行界為了生存和發展，對《格拉斯—斯蒂格爾法案》所導致的缺陷進行了深刻反思，並開始想方設法避開分業經營的法律障礙，通過兼併投資銀行和金融創新等手段向證券業滲透。與此同時，美國金融界開展了由商業銀行發起、證券業與保險業隨後加入，遊說美國政府和議會的活動，要求取消跨業經營限制，修改直至廢除該法案，最終獲得了成功。

朱敏：

當然，也有許多人認為，廢除這個法案帶來的問題也很大。金融監管和金融創新，就是一枚硬幣的不同兩面。

陳志武：

所以啊，在一九三三年制定《格拉斯－斯蒂格爾法案》之後，美國國會又先後頒佈了《一九三四年證券交易法》、《一九四〇年投資公司法》、《一九六八年威廉斯法》等一系列法案，從而逐步形成了金融分業經營制度的基本框架。這一系列舉措，使得之後十年，美國的金融創新取得了巨大的成就。

尤其是，世界製造業經濟的業務逐漸轉移到中國之後，對美國經濟帶來了許多挑戰，逼迫美國的經濟結構開始調整，經濟重心開始放到金融、技術創新和銷售市場。上述制度架構的改革對於美國強化經濟競爭的優勢，起到了很大的推動作用。

所以，這次金融危機不能問罪於美國的經濟創新制度，否則未來十年的經濟增長點更加是一個問號，更將失去應有的創新活力。重新讓美國回到製造業為主的經濟結構是不現實的，因為在勞動力成本等方面根本沒法和發展中國家競爭。另外，這次金融危機出現了跨行業的經營，完全放開之後，所帶來的交易鏈條的不斷延伸，由此導致道德風險和委託代理方方面面的扭曲逐步在放大化，因此這次危機及時暴露了問題，在更大意義上說不是壞事。

朱敏：

從綜合經營直接就跨到了混業經營，進入混業經營之後，鏈條就發生了巨大的變化。如果在綜合經營時代，功能性監管就有效，而在混業經營之後功能性監管也要出現許多問題。但是，「九一一事件」之後美國又出臺了一個《愛國者法案》，針對亞洲和非洲特別是中國的企業在美國上市投資做了一個非常大的限制，比如，中國企業要在美國上市，基金一定要在半年之前凍結，這會付出巨大的機會成本。您怎麼看待《愛國者法案》的問題？

陳志武：

你說的其實是一個很新的問題。早前我在瑞士日內瓦時，有一個非常深的感觸，當地的人口十分稀少，國家卻很富有，它們基本不製造生產什麼東西，當然也有世界流行的瑞士軍刀和瑞士手錶，但總體上占國民生產總值的比重很小，主要發展依賴金融服務業。

瑞士銀行業的發展，得益於發展中國家的制度缺陷。只要還有像亞洲、非洲和拉美等等一些對私人的財產保護不完善的國家存在，那麼，瑞士私人銀行的業務需求就會繼續高速發展，國家的經濟發展就有大量空間。可以說，瑞士的經濟增長乃是拜拉美、非洲等一些發展中國家的法治不健全、私人財產保護不完善的國情之所賜。兩者恰好成反比。

以此角度來理解《愛國者法案》，可以說，它相對於美國的金融業有利，但是會打擊瑞士的私營銀行，包括新加坡、香港，原本也想加入瑞士類似的金融業，來提供這種隱私保護的業務。

從另外一個方面來說，這種打擊對各國制度方面的競爭非常不利。因為像瑞士這種給發展中國家的富裕家族和法人服務的私人銀行，信用度會隨之越來越低。實際上，原本這種金融服務業的存在，對於那些法治不健全、私人財產保護較弱的國家，形成一種制度上的壓力，因為最終只要這些國家，在這些基礎制度上差別很大，那麼給瑞士這樣的國家帶來的制度套利的空間就可以很大。然後瑞士通過這種制度套利，給那些制度不健全、私人產權保護不好的國家產生很多壓力，這樣逼著更多的國家，包括中國，在私人產權保護和法治架構方面，盡量向所謂的國際水準靠近。

但是，有了美國的《愛國者法案》以後，逼迫瑞士銀行和全球所有的金融機構，必須在美國和其他國家短期內製造一些GDP。從這個意義上來說，也許官方公佈的GDP有一些虛的成分，但是總體上，能夠看到的方方面面的跡象，表明經濟復甦是有希望的。

五、反思統計資料，「復甦」背後深藏制度危機

朱敏：

咱們回到中國經濟的話題上來。關於經濟復甦的問題，很多人質疑它的真實性，以房地產為例，有研究者表明：「地王」基本上都是國企或有國企背景的地產商在炒；您也曾表示，中國經濟復甦的代價很大。那麼，判斷經濟是否復甦的標準是什麼？

陳志武：

評判復甦與否，更多的還是依賴官方的GDP的資料。儘管大家都知道背後有些水分，包括地方政府出於政績方面的壓力，而不斷往資料中注水、做一些手腳。但是從一些硬指標看，四萬億刺激

方案和七萬億天量貸款，肯定可以在基礎設施建設和工業項目中，短期內製造一些GDP。所以總體上說，確實存在經濟復甦跡象。

朱敏：

「復甦」二字，應該怎樣定義才科學？

陳志武：

我覺得，復甦更多要從GDP增量的角度來衡量，只要它的增量是大於零，總體上不再變成負增長，那就說明它從低谷反彈了，這就是復甦。當然，可能有人把復甦定義為回到衰退之前的水準，那是個比較高的標準。

現在看來，短期依賴七萬億信貸刺激經濟，起碼在結構上付出的代價是巨大的，有一點突出的問題，就是這七萬多億貸款的去向。大量的信貸主要是支持那些大中型國有企業和大型民企集團，另外就是地方政府各種「鐵公基」的項目，這些對整個社會而言，包括老百姓的收入和就業，皆會產生破壞性的影響。市場經濟本身也會遭受破壞，許多民企由此要戴上「紅帽子」。

最致命的是，把國內有限的資源投到「鐵公基」項目之後，必然使大量中小企業能夠得到的資金更少，民（私）營經濟將進一步陷入困境。這些中小企業，給中國非農就業的貢獻超過了四分之三，即百分之七十五左右。所以，當天量資金投到這些不創造就業機會的大項目後，就業機會的創造性將受到根本性的破壞。一旦就業機會增長下滑，就意味著老百姓的收入下降了；雖然就業機會增長在下滑，但是就業需求還在增長，每年有一千多萬人的新增就業隊伍。這使得就業市場供需不平衡的局面加劇。

我們都知道經濟學的最基本的原理，即供大於求的時候，價格會下降，這就意味著，以後勞動力的價格上漲和收入上漲的壓力等於零，下降的壓力卻在增加。這就是為什麼說此次信貸的過度寬鬆以及四萬億的刺激方案，負面影響非常大的原因。

朱敏：

這說明它的擠出效應比較大。在強大的擠出效應下，「鐵公基」會不會對貨幣乘數效應產生巨大影響？

陳志武：

產生不了太大影響。貨幣乘數效應是依賴民營經濟借到的資金，包括財政開支、政府的一些信貸投入，進而產生一些放大的效應。而如果民營經濟得不到金融支持，則能產生的放大效應會非常有限。

現在已經能夠看出來，放大效應在民營經濟領域很少。最明顯的現象是商業旅行市場，商住的酒店、旅店，在過去半年甚至到現在，生意一直很慘澹。進而反映出背後的一個現實，即真正做貿易的經濟活動減少，說明實體經濟肯定是受到了很大的衝擊。

據我了解，像一些外資企業，金融危機以來所公佈的銷售資料都存在虛假成分，因為出於政治上的壓力，提倡信心就是黃金，真實資料被公佈出來的話，不是打擊信心嘛？這個是蠻好玩的一件事。

其中一個有趣的現象是，在華經營的外資企業，二〇〇九年上半年公佈的資料，好像普遍都不如國內的企業特別是國有企業的增長速度。這背後也讓我感覺到，一些企業增長的水分還是比較多，否則，外資企業和內資企業都在中國做業務，差別怎麼會那麼大？外資企業都是負增長，國內的企業特別是國有企業都是高速的正增長。我覺得，從另外一個側面，也反映了政府資料的問題。

朱敏：
在這個時候，究竟是真實的信息更應該披露，還是為了「信心就是黃金」的因素，而對真實資料有所保留？

陳志武：
信心就是黃金，前提是這個信心是真實的信心，而不是虛假的。虛假的信心等於是讓人們對未來的預期誇大，而盲目地做一些投資和消費。這是非常可怕的。

朱敏：
問題是現在公眾對這些其實也是懷有疑問的，會不會引起社會的信心混亂？

陳志武：
長久來看，總會帶來一些泡沫和負面影響。

朱敏：
也會對未來產生信心上的透支。目前中國內需嚴重不足的局面，已成為這麼多年經濟高速增長的代價。您曾經提到稅收剛性增長的問題，這是否也是內需嚴重不足的原因之一？

陳志武：
現在看來，只要政府稅收增長的速度繼續失控地增長，然後，國家掌握社會的財富繼續擴張的話，中國的民間消費就不可能有太多的增長機會。我們知道，徵稅權的失控，必然意味著國民收入越來越多往政府間轉移。一九五二年中國民間消費占當時GDP的百分之六十九，一九七八年的時候下降到百分之四十五，到最近，民間消費只相當於GDP的百分之三十五。我覺得，過去的六十年，總體上民間拿到的收入占國民收入的比重，不斷在下降，而與此相比較的是，政府掌握的收入占GDP的比重，總體上是在上升。

一九五二年，政府消費開支相當於當時GDP的百分之十六，但到現在，已經上升到GDP的百分之三十，即民間消費占GDP的比重，在過去六十年裏減少了一半，而政府的開支占GDP的比重，基本上翻了一倍。這兩條不同的曲線，是怎麼來的？背後的支持，主要是來自於：第一，徵稅權，基本上不會受到太多的制約；第二，通過國有制的安排，國家壟斷了社會資產的絕大部分，而不是由老百姓的家庭來分享。由此產生的結局，必然使得民間消費增長艱難萬分。

朱敏：

是不是可以這樣理解：打破對過去經濟模式的依賴，唯一的出路或選擇，就是制度上的改良？

陳志武：

的確如此，尤其是要控制稅收的增長。特別是二〇〇九年，據報導六月份全國財政稅收增長了將近百分之二十，相對於二〇〇八年同期；七月份的財政稅收，還是增長了百分之十以上。在金融危機的打擊之下，稅收還繼續按照這種速度增長的話，這是不可原諒的。

據我了解，其中一個原因，是一些地方的地稅局和相關部門，給當地企業施加壓力，要求把二〇一〇年的稅賦提前上交，這是一個極其糟糕的、破壞性的舉措。為了追求稅收增長率，不惜殺雞取卵，要求民營企業將好不容易賺到的一些錢提前繳公，等於把民營企業逼到了死胡同。從長遠來說，對中國經濟的活力、對老百姓的就業機會的增加，都是根本性的打擊。

朱敏：

談起就業，就涉及到收入問題。為什麼中國老百姓的收入增長速度總是慢於GDP的增速？國家統計局最近公佈，上半年城鎮居民的人均可支配收入同比增長了百分之九．八，許多線民戲謔為「被增長」（當前，越來越多的「被」字句流行，比如「被就業」、「被捐款」、「被代表」等等，令人啼笑皆非的現象）。為什麼普通人能夠感受得到的經濟增長沒有官方公佈的GDP增速那麼高？就像您另一本書的書名所揭示的：為什麼中國人勤勞而不富有？

陳志武：

第一個重要原因是政府的行政管制太多，制度成本太高了。第二個是國家財政稅收太多，特別是最近十幾年，政府在整個國民收入的大餡餅中分到的國民收入越來越大。另外一個重要原因，就是國有資產的升值都轉移到了國家手中，卻沒到老百姓的口袋裏。

我覺得，百分之九．八的資料和其他方面的資料是不一致的。就像剛才所說，如果勞動力就業市場供給不出現根本性增加的話，在需求遠遠大於供給的前提之下，勞動力的價格不可能出現快速上升。從這些大的宏觀資料可以看出，可支配收入增長了百分之九．八，可信度不是太高。

六、展望中國發展，終極遠景湧向世界潮流

朱敏：作為一位學者，您儘管在大洋彼岸，對中國經濟的觀察卻如此深刻。不知道您對中國經濟的基本走向，是持樂觀還是悲觀態度？

陳志武：長遠來看，我對中國發展的前景還是比較樂觀的。因為我本人對人類的歷史演變的進程，以及對具體國家，包括中國的歷史非常感興趣。中國以後的發展會跟發達國家一樣，最後也會實現基於民主憲政的法治社會。

朱敏：中國在通向現代國家的道路上，是否也有一道玻璃門的感覺？

陳志武：短期之內，玻璃門現象可能會存在一段時間，但回首過去三十年的革新，不管是在經濟、法治還是其他方面的體制約束，確實取得了非常大的進步，改革的趨勢應該得到肯定。

所以，從增量的角度來看，我還是很樂觀的。儘管短期之內，就像我們剛才說到的，人們從類似金融危機中間得出一些似是而非的結論，但從長遠而言不是那麼悲觀。值得一提的是，也許是人類本性的原因，基本上是不見棺材不掉淚的態度，進而不得不需要一些危機，促使社會進行一些制

度上大刀闊斧的變革。這就是為什麼說，危機儘管會給社會和一些個人帶來一些傷害，但無奈的是，沒有危機社會就沒有自我修正的壓力。

朱敏：極具悖論的是，一方面，所有的學者和決策層都希望社會能夠避免經濟危機和其他危機；但是另一方面，如果把社會上的所有危機都完全根除了，對人類社會未必是件好事。

陳志武：客觀地看，要把危機完全克服掉是不可能的，沒有危機人類會變得越來越自信，進而張狂，也就成為危機的伏筆。從這個意義上說，包括我自己也有著如您所說的比較矛盾的心理：一方面，我也在想辦法幫助不同的國家盡量減少危機的概率；另一方面，我也知道，危機有時候不是一件壞事，它有它正面的影響。

朱敏：有句令人激賞的話，叫作「希望它好，準備它壞」，這也是我的座右銘。

陳志武：這次金融危機出現以後，本來很多人抱著良好的願望，以為中國會本著經濟長久增長的考慮，利用此次金融危機的時機，推進一些根本性的改革舉措，特別是民有化改革。現在看來，經濟開始復甦了，壓力越來越小，改革的聲音停滯，這是一件很遺憾的事情。從長遠來說，除非進行民有化的改革，否則，想靠民間消費的增長來拉動內需、帶動中國經濟增長模式的轉變，這種願望會很難實現。

七、國民權益基金，中國經濟轉型之鑰

朱敏：

在經濟模式方面，過去這些年，中國經濟主要靠投資，特別是靠政府投資帶動。由投資帶動以後，產生很多製造生產能量（產能）。產能增加這麼多以後，就得靠出口市場帶動整個中國生產鏈的不斷上升，以這種方式給製造業工廠提供銷售管道。但是有一個問題，過去的經濟增長模式對出口、對投資的依賴度這麼高，長久如何能持續？

陳志武：

過去十幾年，很多人在呼籲，包括發改委也呼籲了多年，要改變經濟增長過度依賴投資、過度依賴出口的現狀，必須要調整。

當然，過去三十年之所以能夠通過不斷投資、不斷興建基礎設施、不斷產能擴張來發展經濟，能夠不斷實現增長，非常關鍵的一個原因就是全球化帶來的市場範圍的擴大，讓中國的產品賣到世界各個地方去。但是現在，在全球金融危機的大背景下，我們發現這個出口增長原來並非沒有上限，不是可以無限延續下去的，到今天，再讓海外出口份額往上升很多，已經越來越難。

朱敏：

綜上考量，為了長久持續的增長，必須改變中國的經濟增長模式，具體講，必須從事哪些方面的改革？

陳志武：

第一當然是民主憲政方面的改革，這是最直接約束徵稅權、約束政府管制權的無限擴張並對財政預算過程進行更透明監督的必要條件。

第二就是把剩下的國有資產包括國有企業股權注入到三十二個國民權益基金。一個是全國性的國民權益基金，即把剩下的一百三十八家央企產權以及中央部委所屬的國企股權，都注入其中，然後，把這個國民權益基金的股份平均分到十三億公民身上，這樣才真正實現「全民所有制」，就是把原來的「全民所有制」理想中還沒有到位、虛的全民「所有者」給具體落實到每個公民身上。然後，就像現在的公眾股權基金一樣可以交易。另外，在三十一個省市分別成立各省市的國民權益基金，把各省國企資產都注入其中，每個省的國民權益基金基本上按照本地公民多分、外省公民少分的這樣一個原則，比如按6：4或是7：3這樣的比例，將各省國民權益基金分到所有公民手裏。最好是允許國民權益基金股份自由交易。

我知道，關於這一方案已經說了一年多，有很多不同反應。有人說，這些國民權益基金交易起來很難，有十三億人口。其實，我覺得，在操作層面上，今天的中國證券市場和基金行業已經走得很遠了，到現在本來就有一．五億左右的基金帳戶。所以，既然這些銀行和基金管理公司能夠處理好一．五億個基金帳戶，處理十三億國民權益基金帳戶，在規模、難度上應該是相差不多。

第七章

用憲政改革制約「官進民退」

一、壟斷是系統性的問題

朱敏：

二〇〇九年初至今，大型國有企業併購案時有發生、地方政府主導的國企重組不斷進行。可以說，歷經十二年漫長醞釀的《反壟斷法》乍一出臺，中國新一輪國企整合就掀起了大潮。儘管外界關於央企重組應納入《反壟斷法》約束範圍的呼聲高漲，但執法部門的態度依然模糊。

盛洪：

在中國，壟斷現在已經不僅僅是經濟問題，而成為一種政治問題，甚至是憲政問題。因為這個問題持續時間長，已經演化成一系列的問題，表現為一種系統性錯誤。這包括，第一，國有企業佔用國家的稀缺的自然資源（如石油），但實際上沒有按市場的水準來上交資源租金；其次，土地亦是如此，大量的國有企業、國有農場、林場是一直不交地租；第三，國有企業十四年沒有上交利潤；第四，國有企業員工的工資獎金亦不受限制，又擠佔了利潤。

上述問題放在一起，就成了一個系統性的問題，即政策系統性地偏向於國企以及國企管理層和員工，而損害了全國人民的利益。用一句話來概括，就是全國人民把自己的資源和財產交到一個集團手裏，希望它們好好運營，然後希望由此獲益。但現在需要警惕的卻是，他們拿著全國人民的資源來為自己謀利益，而人民看不到從中能獲得什麼。

因此，人們希望改變這種狀況，現在發現改變起來又非常困難。

朱敏：是不是由於壟斷利益集團往往打著國家戰略的旗號，而國有企業往往都是政府創立和支持的？

盛洪：恰恰是這樣，才對政府和執政黨產生極為深刻的損害，因為它違反了最基本的產權原則、最基本的憲政原則。

任何執政者理所當然地要接受一些大家認同的基本原則，也就是基本的產權原則。然而，現在的情況是在全國人民面前，一些利益集團公然在偷竊和掠奪全國人民的財產，還自以為理所應當。

其實，這樣下去，最大的輸家就是我們的政府和執政黨。那些人把錢裝入自己的腰包，老百姓看到的不是那些人，而是政府，人民會產生對執政黨的不信任。這件事情我認為是迫在眉睫。說實在的我很憂慮這件事情，在為我們的執政黨著急。

朱敏：您這是中國知識份子「為萬世開太平」的濟世情結。但您所指出的這個現象，有沒有一些更為量化的資料？

盛洪：我們現在估計一下，沒有上交的地租有多少。第一，我們的國有農場土地約五萬八千八百三十萬畝，按每畝地租四百元算，二〇〇七年的地租約是二千三百五十三億元；第二，國有礦山占地約一千一百三十一萬畝，按每畝一千五百元地租估計，也有一百六十九億元。

還有一個估計，我在「中國地球系統科學資料共用網」上找到了國有居民點和工業用地面積。

一九八四年到一九九五年的數據是四百二十六萬公頃，約合七千二百九十萬畝。二〇〇九年八月份三十五個城市平均地價是三千一百八十九元／平方米，我假定全國平均是一千五百元／平方米，以百分之四推算地租，大約是六十元／平方米，每畝將近四萬元。還有一部分是工業用地。按國土資源部工業用地出讓最低價第七等十九．二萬元／畝，以百分之四推算地租，約七千六百八十元／畝。假定居民點用地和工業用地各為一半；最後我們估計的國有居民點和工業用地的租金約為一萬七千三百六十五億元。因為有些國有土地已經通過招牌掛的形式出售了，所以等價於地租一次收回。這部分大約有百分之三十，所以要剔除。剔除後，我們流失的國有居民點和工業土地租金約為至少每年一萬二千一百五十五億元，這是一個估計。

上面幾個數，加在一起是一萬四千六百七十八億元。

朱敏： 保守地說，每年光流失的國有土地租金可能就至少在萬億元以上？

盛洪： 對，我還沒有算國有園地租金和國有牧草地租金。

這樣看來，國有土地每年沒有上交的利潤是一．四萬億元，保守估計也有一萬億元，而現在的國民生產總值也就三十萬億元，每年的財政稅收是五到六萬億元。

再者，中石油、中石化並沒有按照市場水準交納石油資源租金，每噸只交三十元人民幣，實際上最少按照百分之十比例租金水準，每噸至少要三百到四百元，假如一億噸就是三百多億元。近年國家雖然徵收了特別收益金，但是在石油價格每桶超過四十美元之後的徵收。

還有，就是沒有上交的利潤。從一九九四年開始，我們沒有看到這些國有企業上交利潤的記錄，雖然規定從二〇〇八年上交最多百分之十，但現在還是沒有發現這百分之十的資料在哪兒？

實際上，到二〇〇八年，這些年沒有上交的利潤累計為七萬一千八百一十一億元，二〇〇九年可能達到八萬多億元。

國有資源被佔用後，還可以出租和出售。比如，國有農場的場長可以把土地再出租出去，而租金是它們自己享用的；在城市，它們可以出租屬於國有的房屋，等等。以地租而言，現在每年就達上萬億，基本累計起來五萬億元以上是沒有問題的。

朱敏：

租金按說肯定是歸土地所有者的，但這五萬億元的流向就不得而知了。由於國企高管和職工工資與利潤掛鉤，國有土地的地租有一部分變成了高管和工人的獎金。

盛洪：

是的。二〇〇二年《關於深化國有企業內部人事勞動分配制度改革的意見》規定，國企依據當地社會平均工資和本企業經濟效益，自主決定企業的工資水準。這個大家能看明白。還有，國資委有一個文件《國有控股上市公司實施股權激勵試行辦法》，這個辦法可以把企業的股權用來激勵高管，最多是百分之一，大約是工資的百分之三十～百分之四十，什麼含義呢？他有權分利潤，而利潤其中有一部分是少交地租和資源租金得來的。

二、收入差距背後的黑手

朱敏：這樣一來，壟斷企業的平均工資到底有多高？

盛洪：無論是原勞動部副部長步正發說的一般企業的二～三倍，還是媒體披露的六～七萬元一年，以及最高的中國移動的每年十二．三六萬元（約為全國平均工資的七倍），都還只是冰山一角。因為可以想見，這是在人浮於事基礎上的高工資。據一份研究報告，中石化的員工人數是國外同等規模企業，如義大利埃尼集團的十五倍。

朱敏：對於社會收入分配不公現象，公眾通常更多地還是將其歸因於官員腐敗問題。對此您是怎樣看的？

盛洪：人們將官員腐敗與收入分配不公聯繫在一起，這顯然沒錯。然而腐敗是一種非法行為，法律威懾使腐敗只能是一種非系統性錯誤。人們很少注意，影響收入分配更為嚴重的是壟斷利益集團「合法的」侵奪。由於是為一個集團爭取利益，力爭者並無負罪感；這些部門又多處於資源稀缺且具有戰略性的領域，在爭取本部門利益時又可以打著國家利益的旗號；又由於我國的憲政缺陷，行政部門有實際立法權，通過發佈一紙部門「意見」就可以將壟斷權拿到手。

有了「合法的」壟斷地位，壟斷企業可以一隻手伸向消費者，另一隻手伸向國庫。據一項研究報告，石油資源國政府占總利潤的所得份額，包括礦區使用費，利潤油分成和稅收，在發達國家（如美國）約為百分之六十～百分之七十，在發展中國家約為百分之七十五～百分之八十五，個別國家高達百分之九十。而在我國，儘管利潤受到工資福利等成本的大幅擠壓，據中石油二〇〇五年財務報表，政府所得仍只占百分之四十；據中石化二〇〇五年財務報表，這一比例也僅為百分之五十四。

更為荒唐的是，儘管二〇〇五年中石化賺取了五百零九億元巨額營業利潤，卻還從中央政府那裏索要了一百億元的補貼。如果按比較保守的百分之七十的標準，中石油二〇〇五年的總利潤中應該有一千三百五十七億元歸中央政府，中石化則應有三百一十八億元歸中央政府、且應取消一百億元補貼。

朱敏：

「一隻手伸向消費者，另一隻手伸向國庫。」兩隻手要麼別伸那麼長、要麼縮回去。

盛洪：

在另一方面，面對成千上萬的消費者，壟斷企業的優勢更為明顯。例如隨著技術進步，電信服務成本在迅速下降，但價格卻沒有隨之而降。這歸因於受壟斷力量影響的價格監管；也歸因於電信巨頭們不時利用其壟斷地位和技術手段，阻止電信企業間的競爭，維持其高價格。有關專家指出，我國居民的電信消費占收入的比重高達百分之七，遠高於電信發達國家的百分之二。

可以發現，只要一個產業存在壟斷，全社會，包括國庫和消費者每年就可能有數千億元的收入被侵奪；十個壟斷產業就會轉移走數萬億的收入。這相當於我國一年GDP的若干分之一，也相當於每一個中國人收入的不小份額被壟斷部門侵奪。這部分巨大利益，按照壟斷部門的內部規則分配。名義工資之外，還有包括以住房為主的非貨幣的高額福利。更不用說，在工資福利之外，還有所謂「職務消費」，包括出門開豪華公車，出差住五星級酒店……

朱敏：實際上是一種「亞權力」，其本身就是反市場的。

盛洪：還有最大的問題就是滋生腐敗，比如陳同海每月就有一百二十多萬的消費，貪污近二億人民幣。有調查稱，對澳門賭場九十九名大陸客人統計，「五十九人在政府或相關部門任職：其中三十三人是政府官員，十九人是國企主要負責人，七人是政府和銀行部門的現金出納。」可見國有企業的資金在被肆意揮霍。

朱敏：壟斷企業不僅未能增加社會財富，反而侵吞其他經濟體的利益和利潤。照此觀之，國企大規模擴張會導致整個社會的經濟效率降低，甚至可能中斷我們的經濟增長。

盛洪：是的。再往前，由於其壟斷地位的存在，就可能千方百計地左右國家政策，使政策失去公平。所以說現在的政策犯了袒護國企管理層的系統性的錯誤。資源租金、利潤上交的問題，現在都變成了沒有解的問題了，我們都知道這是存在著壟斷利益集團的原因。

據報載，政府要出臺規範國企負責人薪酬的制度，但解決國企利潤上交問題的方案還是遙遙無期。有評論說這涉及到了分配問題，所以很難。這說明這些央企的管理層已經把屬於人民的利潤當成自己的既得利益了。當人民想要回來時，已經對不起他們了。然而，似乎不能再等了，一年就是一萬多億。

二、國進民退的邏輯辨思

朱敏：有人指出，雖然國家二〇〇五年就發佈了「非公經濟三十六條」，但近幾年整個中國經濟國進民退整體趨勢依然沒變。那麼出現通鋼、林鋼事件，是否會影響國企改革的步伐和進度、進一步強化國進民退的趨勢？

盛洪：國進民退的背景是這樣的：經過前些年的併購、重組，現在剩下來的這些國有企業佔據了一些特有領域，包括稀缺性戰略資源，如石油、天然氣、煤炭等；還有的屬於壟斷性的行業，如電信、電力、民航、鐵路、金融等。這兩類行業，由於其戰略特殊性，資源價值會隨著資源的稀缺性而上漲，石油價格從二〇〇〇年到現在漲了很多倍，就是因為稀缺性的上升。

這種價格的上漲，所包含的租金本來是由資源所有者來獲得的，至少要按比例分享。在中國，資源所有者就是國家。但在現實中，國有企業表面上是國有企業，但享受了很多特殊待遇，它不支付租金，只支付很低的固定費用，所以這資源價格上升的部分就變成了利潤。國有企業的管理層和職工的收入又和利潤掛鉤，這樣一來，因為白吃了這一塊租金，即使很多企業的效率很低，表面上看也顯得很有競爭力。如果把租金交了，可能就沒這麼多利潤了，甚至可能是虧損的。

還有一些壟斷性行業，在銷售上可以依靠壟斷高價，能夠賺更多的錢，這並不是因為它的能力，而是因為壟斷地位所決定的。再加上他們是不交地租的，在貸款上也是有優惠的，所以相對民營企業來說，他們有各種各樣的優越條件，才有這樣一種國進民退的局面產生。

朱敏：

出現這樣的一種局面，其本質問題是什麼？

盛洪：

這是一個憲政問題，而不是一般的經濟問題，是一個基本原則發生了錯誤。也就是說，政府的邊界，包括國有企業的邊界在哪？我們在什麼情況下才應創立國有企業？國有企業是否應該進入競爭性產業領域或一般商業領域？國有企業的存在是為了公共目標還是為了國有企業的管理層和員工的利益？國有企業管理層佔用了公共資源但又享用其帶來的利益是否公正？應該用什麼用什麼樣的方法去監督國有企業管理層？在國有企業管理層已經侵佔了公共資源的情況下，我們採取什麼樣的手段才能使這些公共資源回歸公共權力部門，最終回饋社會？最後，根據上述原則，我們是否應該設立相應的制度，使得行政部門及其衍生的「國有企業」不能隨便地「進」？這是我們的最終目的。這些都是憲政概念，而不是一般概念。

朱敏：
從原理上講，我們在什麼情況下要創立國有企業？在什麼情況下不應該創立國有企業？

盛洪：
我認為，國有企業是一種特殊企業，而民營企業是一般企業，意思是民企不需要說明特殊理由就可以創立。國企就不同，因為社會有一個政府和企業之間的界限，有些事情是政府能做而企業做不了的，有些是企業做更好政府不要做，做了就要犯錯誤。還有，這兩者之間，政府做不適合，民營企業也不太恰當，這就需要國企來做。所以，在創辦國有企業時不能任意創辦，必須要說明為什麼要創辦的理由。待說明理由之後，經過立法機關的同意才能創辦。

而中國的現實情況是：第一不需要特殊說明；第二不需要經過立法機關，完全屬於行政部門的意志，而且這些國企可以自行決定成立二級企業和子公司，這些都是問題。實質上，這涉及到國有企業創立本身的憲政原則問題。

再往前推就涉及到政府的憲政定位問題。所謂國企的大擴展，政府說國進民退是為了公共目標，那麼現在的疑問是：我們公共目標的實現是否需要創立國有企業？舉個例子，「為了富國強兵，增加財政收入，我們要創立國企」，這種講法顯然是不對的。富國強兵的資源是可以通過稅收的方式實現。對民營經濟的稅收，可能比國企的利潤更多更穩定。所以，這種邏輯就不對。

朱敏：

那麼，如果是為了環保或者為了安全呢？

盛洪：

解決有關安全的問題，就要加強政府的安全監管，而不是由企業的國有或民營性質來解決。國企有自己的正面因素，好像能夠由政府直接監管；但是它有自己的問題，國企也會為了經濟利益不顧安全措施，這是為什麼近年來國有煤礦屢屢發生安全問題的原因。

另外，環保恰恰是國有企業做不到的，國企太強勢，它的污染對周圍村莊的損害是當地民眾無法投訴的，沒有制度制衡，想訴訟都是沒地方立案的。而恰恰是國企的強勢，導致像山西等類似地方的環境遭到嚴重破壞。

如此一來，憲政的作用非常重要，政府不能隨便介入到市場中去，否則會產生負面的結果，使得市場不能公平的競爭。因為既有國企又有民企的時候，國企又是所謂「共和國的長子」，這時政府怎麼能夠公平對待國企和民企呢？更有甚者，它去幫著國企兼併民企。

由於國企是政府權力加上市場規則，它們的收入更多的是靠政府權力得到的壟斷權力，這個結果對社會一點好處沒有，導致社會效率的降低。

四、壟斷背後的部門利益

朱敏：

壟斷企業利益背後往往是行政力量和部門利益。在決策或履行職能過程中，有些部門過多從本部門利益出發，過於強調、維護與謀取本部門利益，影響了決策的戰略性、全局性和前瞻性，損害了社會公正與大眾利益，從而增添了國家經濟及政治風險。

盛洪：

對，您指出的「部門利益」很可能就是問題的關鍵所在。行政部門的權力不受約束，而國有企業就是行政部門的一個衍生品。從這個意義上講，「國進民退」是不準確的，應該叫「官進民退」。「國」字會引起誤解。

把國企和行政部門放一起看，行政部門也分成不同的部門，如果說行政權力不受約束，其實體現在部門權力也不受約束。意思是，行政作為一個整體的話，它還有許多整體的、長遠的、理性的考慮，也不至於到如此地步。現在是具體的部門權力不受約束，它比抽象的行政權力不受約束還要厲害，因為部門只是單個角度。

朱敏：

部門利益不應高於政府整體利益和社會全局利益。如果我們行政機關還不能駕馭到具體的部門，而部門權力又打著國家利益的旗號追求部門利益最大化，就會給社會的公正與安定埋下隱患。

對此您應該有一些感觸較深的案例吧？

盛洪：

我們在互聯網上看到的「《土地管理法》修訂草案徵求意見稿」（後面簡稱「修訂草案」），修改條款（包括更改、新增和刪除）多達一百一十六條。對於一個原來僅有八十六條的法律來說，修改率高達百分之一百三十五，用「脫胎換骨」或「天翻地覆」都難以形容。

本來農民利益就被侵奪，我們現在已經有幾千萬的失地農民，他們沒有得到合理的補償，怨恨在心。在中央電視臺「焦點訪談」節目二〇〇五年電話記錄的七萬四千多起群體性事件中，有一萬五千三百一十二起與土地有關。現在每年有將近八萬起的群體性事件，其中百分之六十四就是因為徵地引起的，這意味著我們的社會每天都有幾百起的群體性衝突事件發生。

在這種背景下，還要出臺一部進一步侵犯農民利益的「部門法案」，你拿什麼去解釋？

朱敏：

那麼，應該怎樣修訂法律？

盛洪：

說法律要與時俱進，是說不僅要隨著時代演進做出調整，而且還要根據過去實踐中的利弊得失，修正原有法律中的錯誤，使法律變得更為公正，以及使社會更能有效運轉。這首先需要對自上次法律修訂以來，相關領域的重要問題進行梳理。

這些圍繞著土地的重大問題，直接或間接地反映了我國有關土地的實踐與現有法律框架的互動關係。若要修改法律，我們首先要做的，就是對這些問題進行進一步的調研、梳理與判斷，認定這些事實確實存在。

當然，對目前圍繞著土地的問題與現行法律之間的因果關係，要有深入細緻的分析和認定。如果對導致問題的法律原因判斷有誤、甚至完全顛倒，也會影響到法律的修訂。例如，對於城市擴張侵蝕耕地的問題，有些看法認為是政府管制過少，有些看法認為是管制過多，政府權力過大，導致政府可以以強制力低價徵地。如果按照後一種看法，在修法時就要約束政府部門的管制權力，也許會阻止問題的進一步惡化。

然而，反觀這一「修訂草案」，圍繞著土地的重大問題似乎都不存在，或者認為不需要總結和提煉《土地管理法》實施以來的利弊得失，而「修訂草案」的修改方向，包括進一步增加土地管理部門和徵地政府部門的權力，和進一步剝奪農村集體的土地權力，則顯得毫無理據和武斷突兀。

朱敏：

在這種狀況下，包括您前面提到的國企應向國家交租的方式，有可行性嗎？這種方式如何落地值得推敲。

盛洪：

實際上也不是那麼遙遠。關鍵在於中國書面上的政治結構還有許多可取之處，包括有人大的監督，有相對完善的司法體系，因此法律法規也必須通過人大來決定。

朱敏：

但在現實當中權力要大於制約。

盛洪：

其實監督不是什麼壞事，是提醒和彌補不足之處，防止犯錯誤。但是，現在監督依然有問題。既然有書面的這種政治結構，就得寄希望人大發揮作用。我們的義務和職責只能是建議和呼籲，我們應該有這種共識：唱對臺戲不是互相成為敵人，而是為了整個國家好，為整個執政黨好。防止一部分犯錯沒人糾正，這是好事。

有時候，所謂的憲政原則不見得是通過民主的方式，更不見得要通過暴力的方式，有時候也是通過執政者的理解，依賴許多精英人物。就像美國，當初華盛頓當了總統，人們原以為他至少要當終生總統、甚至是國王，但是他到期就下臺了，許多人還是很意外。

這個問題包含了一種文化傳統。應該說中國新的文化傳統還沒有形成，憲政思想還沒有成為主流。我相信很多人不是想做壞事，而是沒有憲政思想，他們認為政府什麼事都可以做，認為可以因為一個技術性的理由而違反基本原則，認為「小道理」可以管「大道理」，這就是因為憲政思想沒有形成主流文化所致。而眼下最重要的是中國的知識份子還沒有達成共識，還沒有成主流文化，達成憲政共識，沒有形成不言而喻的一種基本原則。

朱敏：

不過，隨著改革開放的不斷深入，隨著八〇後、九〇後逐漸成為社會的中流砥柱，他們較為開放的思想，可能就更接近憲政民主思想。

盛洪：

是的。以前中學的課本宣揚的都是階級鬥爭，如今已經變成憲政民主，這是社會的一種改進。另外也要考慮現在，高層肯定也有疑問，比如對國進民退至今沒有表態，存疑就是好事。

朱敏：在這種「存疑」的空間中，知識份子如何發揮自己的作用？

盛洪：就是要說出什麼是正確的。我認為中國知識精英是應該超越自己的利益，尤其是在體制外機構的研究人員。說話是否有影響，不在於你的權力和地位有多高，而在於你說的是不是正確的。我們不會去炒作，只是盡量堅持說的對，盡量希望有關方面能夠重視，認識問題，解決問題。

五、社會轉型應以史為鑒

朱敏：您喜歡運用中國傳統文化中的思想資源來解析現在的社會轉型，這種結合式研究比較創新、比較中國。

盛洪：包括國際、國內問題分析和價值判斷，我們可以大量運用儒家的資源。比如，《大學》裏有一句話叫：「國不以利為利，以義為利。」意思是，一個國家和政府不應該以一般的商業利益為自己的利益，而是以「義」為重。儒家講「義者利之和」，就是說所謂「義」，所謂「公正」，就是互相衝突的利益的均衡，這樣政治治理才能鞏固。

朱敏：

用這種思路來追溯國家的起源就很有意思。不管是部落時代，祭司向部落成員徵收貢品、祭品；還是封建時代，暴力奪取政權者向民眾徵收稅賦，都是為了維持整個部落或國家機器的運轉。

盛洪：

關鍵在於這個機器能否提供公共物品，就是保護產權安全，維護正當秩序，提供公正司法，這叫「義」。而「以義為利」就是政府可以收稅。既然給百姓提供公共物品，納稅就是購買公共服務的費用。這就是儒家根深蒂固的思想。所以政府不要摻入商業領域去，把自己的公共服務做好，自然會有利。

朱敏：

稅收其實就是服務費，最初始的是安全保障服務：在部落或宗教社會是向人們提供一種「心理諮詢」、心理撫慰，說神靈會保風調雨順；歷史上的暴力政權則給民眾提供安居樂業的環境，都必須保境安民。

盛洪：

「納稅」不言而喻地包含著雙向義務：公民向政府納稅，政府向公民提供公共物品。然而，在實際操作中，由於政府和公民之間在手段上並不對稱，政府可以強制性地讓公民納稅，但公民卻沒有手段讓政府履行自己的職責。所以更有可能，對自己義務履行不足的一方不是公民，而是政府。「國不以利為利，以義為利」就是一種憲政原則。這是政府的定位，政府的邊界。儒家還有很多類似的表述，其中的《鹽鐵論》討論的情形和現在很相似。當時御史大夫們認為，為了保衛國家安全，為了抗擊匈奴，朝廷去聚斂一些財富用於軍費，就要鹽鐵專賣等等，政府就要進入到一般商業領域。這被所謂賢良文學們反對，因為它導致了壟斷和腐敗，並由此推動了漢武帝的窮兵黷武。

「不與民爭利」是儒家一個很重要的憲政原則。比如煤礦和鋼鐵等一般的商業利益，政府介入就是爭利。爭利的含義還不是搶奪而是競爭。有一個成語叫做「拔葵去織」，說的是一個人當了官，回家就把自己莊稼給拔了，把織布機給毀了，因為自己已經有俸祿，就不要再和老百姓在市場上爭利了。所以，古老的儒家憲政原則在今天都很有教益。

關於邊界和越界的問題，我們要形成一套憲政原則，包括中國傳統思想、西方憲政民主制度，中外好的東西都可以吸取，能從已有的憲政原則提煉出來，作為共和國的制度基礎。如此，中國的發展將是前途無量。

朱敏：像孟子、老子等思想，您也運用到了產權問題上，這從思想啟蒙的角度來說是非常有益的。

盛洪：我二〇〇八年寫了篇《天命與民權》，講的是傳統中國的基本的憲政原則，就是政治合法性問題。政治合法性不是先天存在的，而取決於政治集團的作為。對執政黨來說要保持警醒，要戰戰兢兢、如履薄冰，如臨深淵，時時刻刻想到百姓。孟子還講過：民為重，社稷次之，君為輕。要仔細體會這樣一個順序的憲政含義。

朱敏：

要有危機感，要有所改革。俄羅斯總統梅德韋傑夫最近表示：國企要麼改革、要麼消失。

盛洪：這對我們國家也是一種警示。壟斷利益之爭是現在最大的問題。不能把部門利益置於國家利益之上，否則最終受損失的是整個國家和民眾。比如說日本當年侵華，可能不是日本政府想打仗，而是軍方想打，整體受局部操縱，這是非常可怕的現象。所以，不論是西方的議會，還是中國的人大，作為權力機關一定要發揮自己的作用，要真正制約部門利益。

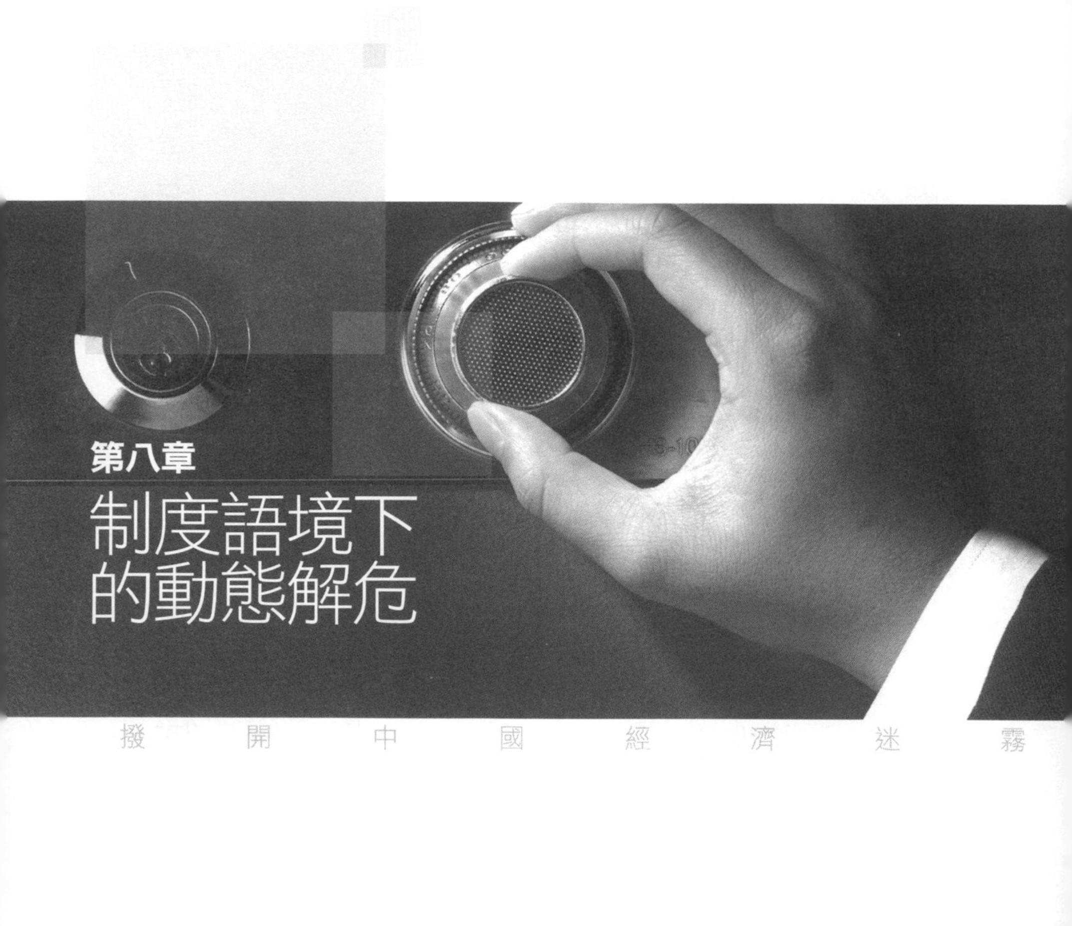

第八章

制度語境下的動態解危

一、研判經濟走向，近憂雖解而遠慮猶存

朱敏：二〇〇九年是世界各國共同應對全球金融危機的關鍵之年，中國政府針對這次危機也採取了一系列宏觀經濟措施。應當如何看待中國現行宏觀調控政策的利與弊？

劉偉：可以肯定的是，這些措施取得了一定的效果。二〇〇九年第二季度資料顯示經濟增長率是百分之七．九，這樣就止住了十五個月來中國經濟持續下跌的趨勢。回顧二〇〇八年一季度，中國的經濟增長速度是百分之十．六，相比二〇〇七年的百分之十三跌幅達二．六個百分點；二季度是百分之十．一；三季度是百分之九；四季度是百分之六．八，跌破了百分之七，這是非常少見的！接下來到二〇〇九年第一季度經濟增長速度是百分之六．一，更低。由此，中國經濟十五個月是直線下降。而二〇〇九年的第二季度拉升到了百分之七．九，從資料看止住了下跌的趨勢。這與中央一攬子的財政和貨幣政策，以及全球各國政府紛紛出手對付此次危機的舉措，有直接的關係。

朱敏：從您所談的資料來看，二〇〇九年中國經濟已陷入低谷，在此情況下，民營經濟也出現了很大問題，我們如何研判中國經濟的下一步走向？

劉偉：

可以做一個近期和中期的判斷，因為更長期的就是趨勢了。近期就是二〇〇九年，中期就是未來兩到三年。

其中二〇〇九年可能是改革開放三十多年來最困難的一年。資料看是這樣：經濟增長是「保八」，但二〇〇八年是百分之九；失業率二〇〇九年是力爭控制在百分之四・五，但是二〇〇八年城鎮登記失業率是百分之四・二。另外從二〇〇九年的財政看，包括中央和地方，一到八月份大部分的財政收入是負的、放慢的；從企業的利潤來看，二〇〇九年國資委剛剛公佈的國有企業利潤普遍出現下降；民營企業則不只是利潤下降的問題，它的現金流都有問題，特別是中小企業的生存都有問題。

總之，我們應該從微觀的企業情況、政府的各級財政、社會的宏觀登記失業率和經濟增長速度等幾個方面來綜合研判中國經濟的下一步走向，才能做到有的放矢。

朱敏：當前寬鬆的貨幣政策導致信貸激增，從而讓經濟學界產生了對通脹風險的擔憂。對此您持什麼態度？

劉偉：我認為應該從另外一個角度，即通貨膨脹水準來看，二〇〇九年很可能處在「通縮」的警戒線之下。

因為上半年的物價，不管是PPI還是CPI，工業品和消費品出廠價格，相比二〇〇八年都是負增長的，二〇〇九年我們實現「溫和的通貨膨脹」目標問題不大，就是通貨膨脹率在百分之五以下。

但是我們二〇〇九年有可能掉到通縮警戒線之下（百分之二），考慮到統計誤差，如果物價上漲水準在百分之二以下，就認定為通縮。所以，二〇〇九年有可能是通縮警戒線的臨界狀態。通縮比通脹更可怕，更難治理。

朱敏：

從這些指標來看，您判斷二〇〇九年的情況會比二〇〇八年更糟糕，出現這樣的局面，是否存在人們當初對總體經濟形勢誤判的問題？

劉偉：

其實，二〇〇八年已被證明是改革開放三十年以來最困難最複雜的一年。最開始是溫總理在兩會期間提出的這個論斷，當時人們還有不同的看法：二〇〇七年經濟情況這麼好，二〇〇八年有困難能難到哪兒去？

經過二〇〇八年一年時間，印證了溫總理在兩會期間提出的論斷是正確的，也證明了當時人們的看法實屬誤判。各種矛盾，包括國際的、國內的、宏觀的、微觀的矛盾，各種失衡，包括結構的、總量的失衡伴隨在一起，導致我們宏觀經濟政策變化的速度之快，是改革開放三十年以來所沒有的。

因為二〇〇八年初，我們的主要任務是反通脹，當時我們提出的是「雙防」：一防經濟從局部過熱到全面過熱，二防物價從局部上漲到全面上漲，核心是防通脹、防過熱，控制總需求。是年七月份，中央調整了這項政策，原因是國際金融危機對中國的巨大影響，致使沿海的出口企業、加工企業停產，導致大量農民工提前返鄉。這個時候，中央提出「一保一控」即保增長、控制物價水準，這樣就把物價從年初的首要的調控目標，降為次要目標。但是，到了年底情況更進一步惡化，中央又調整了宏觀政策，叫「一保（保增長）、一擴（擴內需）、一調（調結構）」。

朱敏：

保增長和擴內需是短期的任務，調結構是長期的工作。那麼，二〇〇八年初到現在，中國宏觀政策經歷了怎樣的抉擇過程、怎樣看待二〇〇九年中國經濟的回暖勢頭？

劉偉：

短期就是擴張性的宏觀政策，而二〇〇八年初是緊縮性的調控政策，經過七月份到年末變成擴張性的宏觀政策，一年之內出現了方向性的逆轉，這在改革開放三十年的歷史上是沒有的。所以，二〇〇八年矛盾的複雜性，宏觀政策變化的速度之快，抉擇的難度之大，一系列的經濟指標和上年比跌幅之大，受國際金融危機的衝擊力度之大，月度經濟直線下降的速度等等，都是前所未有的。

但是現在來看，二〇〇九年比二〇〇八年更糟糕，二〇〇九年是最困難的一年已成為共識。儘管，中央的宏觀調控政策出現了成效，經濟增長止跌的勢頭，在第二季度開始有所回暖，但是這種回升總的來說還改變不了二〇〇九年是最困難一年的事實。這是我近期的一個判斷。

二、動觀「雙輪」賽跑，危機中期主要反滯脹

朱敏： 未來的兩三年應該屬於危機的哪個階段？會不會出現更大的困難？

劉偉： 二〇一〇年包括二〇一一年，屬於後危機時代中期，也就是「十一五」規劃完成期間，我覺得不至於更加困難，但恐怕還是比較困難。

朱敏： 現在比較難的是就業問題。政府救市使大量資金注入國有企業，而中小企業岌岌可危。但是，據了解中小企業承擔了就業的四分之三，國有企業近幾年非但不能提高就業率，反而在減少。在此期間，救市的大量資金投入市場就會造成通脹，就業保障是否因此也開始失衡？

劉偉： 二〇〇九年短期來看是反失業和反衰退，剛才講短期內可能有困難，最突出的矛盾和威脅就是失業和衰退問題。中小企業作為中國就業的生力軍，它們要出現了問題，就業保障失衡在所難免。

朱敏：

劉偉： 記得您二〇〇八年就講到過，中國當前最大的挑戰就是來自經濟衰退。

對，短期內的主要威脅不會是通貨膨脹。畢竟，這次救市無論是財政還是貨幣政策，在二〇〇九年還顯示不出明顯的通脹表現。雖然下去很多貨幣，但由於貨幣本身有時間的滯後性，一般情況是長則兩年，短則半年。在西方，一般是六到八個月，我們國家大概是七到二十四個月，所以二〇〇九年實施寬鬆的財政政策，使得貸款大概已經超過八萬億。總之，我們實施的是更加積極的財政政策，因為財政赤字就已經九千多億啊，已經接近了警戒線了嘛，通常財政赤字百分之三，相比國民生產總值也就是一萬億。

朱敏：

九千多億有可能還要加大，事實上已經接近。這對反衰退、提高就業率會有一定成效，同時也會帶來嚴重的通貨膨脹問題，應該怎樣平衡二者之間的關係？

劉偉：

這樣下去，就會形成一個問題：中國經濟實質上是「兩個車輪」在賽跑，同一個舉措形成「兩個車輪」，這一輪擴張性的財政和貨幣政策，一方面會拉動需求擴張、經濟增長；另外一方面，它也會推動各種成本的提高、帶動通貨膨脹。需求擴張的同時，它既有拉動增長的功效，也有推動通脹的作用。

在一段時間裏面，特別是在形成通貨膨脹之前，中國經過經濟增長的拉動，讓失業問題能夠短期緩解，使反衰退、抗危機取得一定的成果；等過了一兩年，當通脹成為首要問題的時候，我們可以騰出手來集中治理通脹。所以，現在為了緩解失業率，所付出的代價就是未來的通脹壓力。

關於中期，未來兩三年主要任務是反滯脹，因為有可能經濟停滯，發展速度沒有上來、失業率居高不下，另外一方面又通貨膨脹。

朱敏：您說中國的通脹時滯期大概是七到二十四個月，那麼具體而言，之所以中國經濟未來兩三年可能出現「滯漲」，背後有著怎樣的動態邏輯呢？

劉偉：短期政策實施之後，顯示不了通脹，更多地顯示拉動增長，但到中期就會表現為需求拉動物價，經過一兩年的經濟週期，帶動了成本的提高，成本又在推動物價。如果，這一輪的宏觀調控舉措，對經濟增長沒有明顯的拉動，失業率在短期內不能有效地緩解和降低，過了這個時滯期之後，通脹就會表現出來，中國經濟就可能出現一個非常複雜和困難的局面。

也便是，未來兩年可能出現經濟滯脹，即上世紀七〇年代西方出現的經濟停滯、失業率居高不下、通貨膨脹並存的局面。這樣就使得宏觀總量政策很難抉擇，因為通貨膨脹和經濟停滯要求的宏觀調控的方向是相反的。

朱敏：要處理好通脹與滯脹的關係，在結構性政策上，應該怎樣處理近期和中期的銜接問題？

劉偉：近期主要是反衰退、中期主要是反滯脹。意思是任務要先明確，近期就是反衰退，為此即使加重通脹也值得——凱恩斯主義的菲力浦斯曲線（Phillips Curve）正是如此；中期就是反滯脹，那只是一個和近期銜接的事情。銜接不外乎兩條：一是先採取的措施一定要盡快地顯示出擴張效應，假使對經濟增長和反失業沒有取得預期效果，那就麻煩了；二是如果取得預期效果，失業率很低，經濟增長上去了，過兩年有通貨膨脹就不再恐懼，屆時寧願犧牲失業率換取通貨膨脹的降低也可以。

朱敏：是否意味著，不要讓一個時期的矛盾集中？

劉偉：倒不是集中的問題。在經濟學上，本來宏觀調控就有兩個目標，一個反通脹、一個反失業，但是中期很可能出現這兩個目標同時有問題，那麼宏觀總量政策就沒法選擇了，七十年代末西方就出現過這種問題啊。

朱敏：試圖把兩個矛盾打散麼？還是在政策抉擇上，在不同的時段，二者相權取其重？

劉偉：確實不是打散的問題，而是能不能置換得動的問題。凱恩斯主義當時即是如此，在通貨膨脹率和失業率之間有個選擇和替換：如果一個時段內，威脅最大的、首要的問題是通貨膨脹，失業率是一個次要的問題，就要先解決通脹，為此所有的目標都要服從這個目標，寧願降低需求、減少通脹，寧願讓市場疲軟、失業率上升、經濟增長速度放慢，也要換取通貨膨脹率的降低。政策就是要有重點。

假如在另外一個時段，中國宏觀經濟的目標不是通貨膨脹，而是失業率，是經濟停滯蕭條，那麼所有的問題都要為解決失業讓步。到了這種情況，就要刺激需求，付出的代價是物價要上升，即意味這個時候政策重點的選擇是要降低失業率，而不惜提高通貨膨脹率。

為解決當前的主要矛盾可以犧牲次要矛盾，這就是凱恩斯的政策主張。但也有人認為，為什麼到七〇年代出現問題了呢？特別是當時中東戰爭、石油危機，石油價格從每桶三美元漲到十二美元（上漲了四倍），整個國民經濟的成本在全球範圍內提高，此時就出現了滯脹。這種局面實際上意味著，凱恩斯那一套已經失靈了。

三、提高經濟效率，從總供給角度調結構

朱敏：從凱恩斯理論及菲力浦斯曲線看到的，現在一是失業率的問題，二是通脹的問題，中國失業率已經在提高，而股市、樓市卻在漲，這會不會構成滯脹的因素？

劉偉：股市、樓市是一個資產品的價格，相對微觀，暫時還無法構成整個經濟的滯脹。

朱敏：

劉偉：那從總供給角度看，應該怎樣調整宏觀政策結構，降低就業率，來提高經濟效率呢？

宏觀地看，物價總水準和失業率的提高並行就是滯脹。物價總水準、宏觀問題講的不是股市或樓市等某一個產品。

因為滯脹的局面很複雜，宏觀政策選擇起來也很困難，所以現在就要考慮：第一，這一輪拉動增長的效應能否盡快顯現出來，增加就業，如果顯現得越快，就恢復得越好（即使出現通脹），我們政策掉頭時候的「本錢」就越大，就可以把宏觀政策搞得很緊來治理通脹了，「彈藥」充分；第二，如果這一輪政策下去帶來的增長不大，失業率不低，通脹一來就不敢大手筆地治理通脹，因為失業的壓力太大了。因此，這一輪宏觀政策的選擇和拉動增長的效應，對未來經濟效率的提高至關重要。

朱敏：控制滯脹必須提高經濟效率，那麼未來滯脹的關鍵因素有哪些？怎樣才能有效控制滯脹？

劉偉：的確，此時要特別考慮這一輪刺激經濟增長的效率情況。因為未來出現滯脹的關鍵是成本提高，包括勞動力成本、土地成本、資本品的價格、生產資料投入品（煤電運油、上游投入品）的價格。特別是在這兒，一方面資本品、稀缺品的價格在提高，另一方面，關鍵是人們掌控和使用的效率能否提高。滯脹的要害是成本推動的，那就是成本在提高，產出沒有壓住它，所以要特別突出刺激經濟增長的效率情況，技術含量、投入產出比越好，未來滯脹的可能性就越小。

朱敏：日前在效率方面實在令人堪憂，包括過去一些被禁止和限制的項目，現在也因為保增長而紛紛上馬。這是否也是調結構的表象？

劉偉：這是近期的問題，可以理解。屬於短期對付危機的手段，但是中期不能如此，否則又會形成新一輪的次貸和低效率。所以，這次宏觀調控中央有很大的變化，叫「保增長、擴內需、調結構」，調結構就不是需求方面的，而是供給方面的，不是短期的而是中長期的。

朱敏：調結構與提效率之間，存在怎樣的關係？

劉偉：結構變化是效率提高的函數，即由於效率的改善，在部門之間、地區之間、企業之間效率改善的速度和程度不一樣，使其在國民經濟中成長的競爭力不同，然後在國民經濟中的地位和影響力就有了結構性的變化，包括地區結構、行業結構、企業結構。所以結構變化是效率改善的結果。由於效率改善不同，國民經濟表現出結構也開始變化，而效率改善是建立在技術和制度創新之上的，這兩者是中長期的事情，而不像刺激總需求那樣，措施一下去就見效。

朱敏：結構的調整，是為了提高效率，此間，必要的銜接點有哪些？

劉偉：從總供給角度調整結構，提高效率，就需要技術和制度的改變，所以要把近期和中期的任務銜接好，把需求管理和供給管理、總量擴張和結構調整、速度提升和效率改善，統統銜接好。這才是在能夠有效地保增長、擴就業的同時，避免未來中期出現滯脹的根本辦法。

近期威脅主要是衰退，中期主要是滯脹。治理衰退就是刺激總量需求，但是治理滯脹就不是總量的問題了，而是供給問題，就要有結構的變化、有效率，這樣才能把成本降下來。

四、回望歷史變遷，強調危機的制度影響

朱敏：我們為實現階段性任務和主要矛盾的解決而有所側重，的確可以理解，但破壞一樣東西很容易、建設一樣東西卻很難。在「危機」「復甦」等語境下，會不會出現違背科學發展的基本原則、以保增長為名推遲改革等一系列問題？

劉偉：這是兩個問題，我們剛才說的是增長問題，你現在講的是體制和制度問題。增長問題只是宏觀目標、政策傾向問題，而社會問題分為增長問題、發展問題、體制問題。體制問題就是這次經濟危機會不會對中國經濟體制改革產生影響。

朱敏：對，現在人們的注意力更多集中於，這次經濟危機對中國在經濟增長上的影響有多大，但事實

上，對其在制度層面上可能產生的深層次影響應該有所重視。在您看來，這次危機究竟對市場經濟體系、民主法治進程會產生怎樣的影響？

劉偉：

這次危機是一百多年來西方最大最深刻的危機，也是西方對中國影響最深刻的危機。本質上講，它對西方世界的經濟體制提出的挑戰，恐怕也是極其深刻的一次，由此對中國體制改革的影響也可謂空前。

從西方經濟的制度演變和政策方式演變看來，它始終有一個經濟哲學的分歧，也就是經濟自由主義和國家理性干預主義兩個陣營的爭論。從資產階級產業革命開始，經濟自由主義是以英國工業革命為背景的古典經濟學，英國古典經濟學家宣導經濟自由主義，叫做「看不見的手」，這是最典型的例子。當時的觀點主要是戰勝兩個東西，一個是封建的、專制的政權，即資產階級革命；另外一個從政策方面，它實際上是反法國的重商學派，在英國的革命之前，重商學派是主張干預的，認為財富的源泉來自於國際貿易，那麼國家就是最大的獲得財富的動力，國家肯定要做主導了，當年英國財政大臣提出一系列的財政保護措施及國家主導的國際貿易政策，即後來所謂的重商主義。

所以，英國產業革命實際上宣告了商業革命時代的結束，它以經濟自由主義主張，既反對封建專制，又反對之前法國國家干預的政策主張。在此前後大概有一百多年的歷史，最後經濟自由主義取得勝利。這既是對封建時代、也是對重商主義的一個勝利。這是第一階段。

第二階段，到十九世紀中後期，伴隨著第二波世界強國的崛起，德國和美國逐漸嶄露頭角，但是它們的工業化比英法要晚，在十九世紀起來時不能主張自由競爭，因為它們的資本力量比英法要弱，所以要追求國家保護。德國的歷史學派、美國的制度學派，當時就提出來國家要干預，所以德意志始終對國家意志很強調。這時他們對經濟自由主義就提出了懷疑，國家干預主義的思想開始形成，但是沒有占統治地位。

朱敏：

畢竟當時世界上經濟主流還是英國。

劉偉：

不過，到了一九二九年～一九三三年大危機，表明市場自發的自由是有問題了，就產生了凱恩斯革命，國家理性干預主義就開始出現，取代了英國經濟自由主義在思想史上的地位。這是第三階段。第四階段，經過「二戰」幾十年就出現了滯脹，凱恩斯主義逐漸失靈，就形成新自由主義學說。上世紀七十年代以後，在整個西方，新的經濟自由主義重振，強調產權問題、市場自由競爭，因為它們覺得國家干預主義也有失靈的時候，而且問題更大。

這一次是第五次，經濟自由主義遭到了新的挑戰、新的懷疑。出現危機之後，大家都在檢討自由競爭是有一定問題的。

朱敏：

一九九九年美國廢除《格拉斯—斯蒂格爾法案》（即《一九三三年銀行法》），通過了《金融服務現代化法案》，美國的金融機構開始轉向混業經營，監管機構由分業監管變為功能性監管，這是一次監管制度的變遷，同時也導致了金融衍生品的過度創新而監管制度不成熟不完善的困境，這也是金融危機失控的一大原因。而二十一世紀的這次危機會不會迎來一場新的制度革命？

劉偉：

這是必然。特別是金融衍生品的市場，過分泡沫化，過分地交易，造成市場中的種種問題，諸如，信息不對稱問題、欺詐問題、道德問題、投機問題、約束問題等等。這就表明在現在經濟中，發達市場就有發達市場的缺陷。

由於這次危機是一百多年來最大的危機，將會導致西方經濟學理論又一次大的變化，又一次重新的思考，但是理論變化有其滯後性，並不會馬上產生。而這次危機對中國制度的影響恐怕也同樣是空前的，大家多是關注其對中國經濟增長的影響，其實已經影響到了體制問題，且要比增長問題的影響更深遠。因為中國正處在一個特殊的改革歷史時期，即市場化的歷史進程當中，危機對未來中國經濟改革的走向可能影響很大。這個意義非同小可。

五、切勿因噎廢食，人民幣國際化是趨勢

朱敏：

中國三十年的經濟發展無疑得益於改革開放、得益於市場化，儘管有人說國際金融危機給自由市場經濟以一記響亮的耳光，但問題和危機，恐怕更多還是出在應用層面，而不是市場經濟制度本身。對中國來說，許多問題暴露的可能不是市場失靈的問題，更多的還是市場不夠的問題。

劉偉：有可能。我認為，危機在現今可能會對市場有挑戰。對此，我專門寫過一篇文章，大概列了五個方面，其實就是表明私有制越純粹未必就越能解決問題。前一段時間風行經濟自由化的時候，認為市場出現問題是因為私有制不夠純粹，產權不夠清晰，所以出現了市場交易成本如何如何。很多理論支持這種觀點，即產權清晰化就能夠解決市場失靈的問題，但是現在看來，在西方這種高度自主的市場制度下，確實也有私有制和社會化生產的矛盾，有盲目自發性的必然。

這就告訴人們，在中國搞純粹的市場化未必就能夠構築起健康的市場，所以中國的市場化改革，不應該走純粹的私有化道路。但是，不能由此否定市場化的方向，因為人類沒有一個社會文明是在市場以外形成的。這是一個大的問題。

朱敏：就是說，高度自由化的時候也會出現問題。一九九九年《金融服務現代化法案》出臺以後，面對國際金融混亂局面，史迪格里茲於二〇〇二年在《喧囂的九〇年代》一書中就預警：如果國際經濟金融界不做出改變，未來更大的危機很難避免－可謂一語成讖！記得後來他在咱們北大演講時也有過類似論斷。

劉偉：史迪格里茲也是主張經濟自由的，但強調自由是要有嚴格的制度約束的。他當時是說，如果放棄約束的話，這個自由是沒邊際了，就會出現所謂次貸、爛賬。

所以，從第一個方面來講，危機的巨大影響，使得人們對私有化的神話有了更清楚的認識，但是你不能由此而動搖市場化。危機同時也表明，競爭的過度自發肯定會導致危機，它不會自我收斂，不會像「看不見的手」一樣，自發地、分散地收斂成一個和諧均衡的狀態。你可以反對過分的自發性，但是你不能反對競爭，問題不是出在競爭上，而是在過度的分散。

第二個方面，中國分散的狀況也是存在的，比如產業組織不理想。當然，中國的競爭更多不是過分而是不夠，這和西方不一樣。

朱敏：為避免經濟下滑，當局可能寄望調整匯率政策發揮更為積極的影響，放慢升值步伐。如今已經出現人民幣從升值轉向貶值的趨勢。這樣一來，中國應該如何從根本上調整匯率政策？

劉偉：這就是第三個方面了，即匯率機制。

國內一直有一個觀點，就是中國這次避開金融危機的正面衝擊、包括上世紀九〇年代末在亞洲金融危機中倖免於難，很重要的一點，就是中國的貨幣不是自由貨幣，中國的金融體系開放得還不夠，基本上是封閉起來的，所以遮罩掉了風險。為什麼沒受到正面衝擊啊?因為你落後。

朱敏：不妨打一個比喻：乙看到甲游泳時不小心嗆水，就為自己不會游泳而竊喜。

劉偉：是啊，不能把自身缺陷和不足作為優勢總結。

朱敏：那麼，經過此次危機之後，隨著世界經濟重心的調整，您認為人民幣國際化有向前推進的可能嗎？

劉偉：大家要看到，中國的方向是國際化和市場化，人民幣也一定要國際化。而且，伴隨著國力的提高，人民幣自由化和國際化肯定是一種進步的、文明的方向。

這場危機告訴我們，人民幣自由化和國際化的速度要和國力相適應，不要盲目地貨幣自由化，但又不能由此反對或阻礙人民幣自由化和國際化的方向。難道更加封閉就好嗎？

六、認清世界潮流，市場化方向不容逆轉

朱敏：通過如此嚴重的經濟危機考驗，中國的經濟政策尤其是貨幣政策還有哪些不足？在危機到來時，我們使用金融工具時都出現了哪些問題？怎樣改進？

劉偉：這是個很大的問題了。因為中國的貨幣政策肯定有問題，各個國家的貨幣問題都在通過這次危

機自我檢討。有人認為貨幣政策根本就沒有用，甚至認為危機是貨幣政策惹的禍，然後讓財政政策來買單。

但在中國，說句老實話，不是貨幣政策不夠鬆，而是貨幣政策的傳導機制有問題。整個社會制度，使得整個貨幣的擴張傳遞不出去，實現不了，這個是很要緊的問題，比如心臟需要供血，但是血管這兒被堵塞。這恐怕是將來需要解決的大問題。

第四個方面，就是貿易和資本。這次危機驗證了中國過分的外需依賴，不過這個判斷我不是很同意，什麼叫過度？你有沒有一個準確的度？

朱敏：

需要有一個臨界點。特別是對於一體化的問題，我們更要審慎對待。

劉偉：

是的。我們要反對的是一體化，中國作為一個發展中國家，怎麼和發達國家一體化？我們有自己獨立的民族文化和意識形態，和西方的基督文明怎麼一體化？我們是有自己特殊的社會制度的經濟、社會、法律、行政制度，你和西方的制度怎麼一體化？

中國要是真正進入西方的一體化，弄不好自己要蒙受更大的災難，付出更大的代價。所以一般我們不要撇開國情和國際的現實，去盲目簡單講一體化，像歷史上東歐的一體化實踐都證明是失敗的。這就是第五個方面。

但是要知道，不能由此而反對全球化。全球化一定是趨勢，是遏制不住的歷史潮流。中國以後的經濟發展一定是全球當中的一部分，中國利用國外的資源和市場，一定是全球化的一個內容。

上述幾個問題，都是對中國體制影響非常關鍵的問題。

朱敏：對於美歐來講，危機也只是人家制度上的自我檢修。我認為，中國的基因固然要考慮，但大家既然都同在一條河裏「游泳」，有利於自己「游」好的手段還是要努力去學、去用。任何在大潮面前退縮的藉口都是不可取的。

劉偉：沒錯。你可以反對私有化，但由此反對市場化，那中國問題就更大。中國是市場化遠遠不夠。

朱敏：基於經濟和政治的耦合關係，經濟走向市場化，對權力集中是一種有力的消解。其實，西方國家的經濟制度不是刻意的選擇，也是社會發展的必然結果，所以對中國來說也是一樣，是潮流之下的順勢轉變。

劉偉：對的，它得有一個客觀過程。

朱敏：最後請您用一句話，談一下您對中國經濟發展前景的基本判斷。

劉偉：我覺得中國經濟沒問題，抗擊打能力應該很強，前景應該是光明而明朗的。未來二三十年不會有大的問題，更不會有長久持續的衰退，但要實現持續高增長，還需努力。

第九章

解困內需
有賴社保減負

一、內需之力，亟需調整社保費率

朱敏：

眼下，人們對中國經濟出現的問題有著形形色色的論斷。我認同您的一個觀點：國內經濟危機的根源早就存在，美國金融危機只是雪上加霜。以您的觀察，國內經濟的問題到底在哪裏？

白重恩：

沒錯，對於中國，金融危機僅僅是雪上加霜而已。外部需求的問題開始產生影響，但是我們的內部需求也有很大的問題。主要表現在兩個資產市場方面的泡沫，即證券市場和房地產市場。當初股市從六千多點掉到一千六百多點，這顯然是泡沫，即使沒有金融危機也是要破滅的，房地產也是如此。

朱敏：

為什麼會有這個泡沫？可能和金融危機有同樣的根源，美國貨幣供應過於寬鬆，我們也隨之寬鬆，而且中國的匯率沒有那麼大的靈活性，我們總是跟從美國的貨幣政策。這個問題更嚴重在於，在中國貨幣靈活度欠佳的時候，很多人想趁機升值，於是大量熱錢流進來。

朱敏：

可是從中長期上說，這兩個泡沫即使不破滅，國內的需求也是遠遠不足的。

白重恩：

對。近期的原因，是兩個資本市場的泡沫破滅，使得短期的需求被壓抑；長期來說，過度地依賴出口，依賴投資，消費不足，這是很明顯的理由。問題的根源在於，為什麼老百姓不去消費？以前老百姓謹慎消費，就是因為沒有社保，沒有醫療保障，為了防患於未然，不敢消費。但是，我覺得這不是主要原因。

朱敏：
您認為主要原因是什麼呢？

白重恩：
現在看來，是社保繳費比例（費率）不甚合理。因此，社保可能不僅沒有增加儲蓄，反而有可能減少了儲蓄。

朱敏：
為什麼說有了社保反而減少了儲蓄？

白重恩：
我們來算一筆賬。以完全參加社保的單位來說，養老保險單位繳納百分之二十、個人繳納百分之八，總共百分之二十八；醫療保險，單位百分之六、個人百分之二，其他總共加起來「五險」大概百分之四十左右。然後再看住房公積金，當然不同城市不一樣，以北京市為例，其單位繳納百分之十二、個人百分之十二，總共百分之二十四；「五險一金」大概百分之六十左右。

這一部分錢來源於消費者自身，繳作社保後，消費者就無法再支配。比如，住房公積金可以貸款買房，可是買完房之後還要繼續繳納，這部分就無法支配。所以，消費者可支配的收入因此而減少，沒有社保的時候，居民會刻意地儲蓄，會為養老、醫療做準備，可是有了社保之後，人們還是要儲蓄，因為手上的工資相對減少了。比如一個四十歲的中年人，假如已有房產，養老保險要繼續交到二十年以後，他不知道那時能從中拿回多少錢，而他儲蓄的時候並不把這筆錢當作自己的，他覺得為未來的養老還要存足夠的錢。

我們是期望養老保險能減少消費者的儲蓄，現在社保把這部分錢拿走以後，人們還要儲蓄，由此可能減少消費。所以，我認為社保繳費很大程度上擠佔了消費者的消費空間。

朱敏：

看來合理的社保費率很重要。然而現在社會上的很多爭議焦點似乎更多地集中在個人所得稅上面，關注起徵點的上調……

白重恩：

事實上，個人所得稅起徵點的上調，其影響是很小很小的。比如起徵點從二千元增加到三千元，就是調高了一千元，而所得稅的最低稅率只有百分之五，也就是較低收入者少交五十元，其對消費者的影響可以說微不足道，而且收入越低者受益越小。

可是社保不一樣，百分之六十多的份額，這裏拿走的是大頭。之所以人們對它的關注不高，主要是因為社保很大一部分是企業繳納的，很多人就認為企業繳費跟自己沒有什麼關係，但是從經濟學上講，企業繳和個人繳沒什麼區別，最終都屬於企業勞動者成本與勞動者收入之間的差額。假如企業沒有社保繳費的負擔，企業就會增加員工的工資待遇。所以，這個錢名義上是企業繳的，其實是從消費者口袋中掏的。

朱敏：

企業主必然將社保同薪酬一道納入運營成本當中，社保費率偏高，無疑會使勞動者收入上有所降低。

白重恩：養老繳費最終就是勞動者繳的一種稅，企業和個人無論誰繳都一樣。因為企業所有的來源都是勞動個體創造的，企業的社保費用是根據員工勞動收入上繳的，稅基是勞動收入。

朱敏：「羊毛出在羊身上」，就是一種「轉嫁」嘛。

白重恩：這就是「轉嫁」啊，社保繳費是一種隱性的勞動稅收，而且「稅」率很高，個人所得稅與之相比就不算什麼了。

二、國企分紅，補貼社保收入再分配

朱敏：有沒有降低這種變相的企業運營成本的方法？

白重恩：

我覺得有兩種方法。首先，社保是必須的福利政策，不能完全取消，但是經濟學中有個「拉弗曲線」，意思是稅率太高會產生諸多影響：一是人們避稅的傾向會更強，繳稅的人就會減少；二是稅收會帶來扭曲，一旦徵稅太多經濟活動就會減少，那麼最後所繳的稅就會減少。

「拉弗曲線」的意義在於，稅收的總收入並不是稅率越高收入就越高，稅率高到一定程度，收入反而會降低，因為繳稅的人少了。所以，總稅收和稅率的關係是「倒U型」的關係。中國的社保就是如此，一方面企業想方設法地逃避繳費，盡量不加入社保，一旦降低稅率有可能增加社保基金的收入，因為逃避繳稅的企業會減少；另一方面，這麼高的社保費用會減少就業，因為勞動力成本在增加。

朱敏：企業主會由此覺得一個人能做的事絕不找兩個人，盡可能地壓縮人員數量。

白重恩：對，就業減少，繳稅的人就減少了，造成了勞動力市場的扭曲，使得供給和需求之間失衡。我現在正在做這方面的計量研究，有一個解決問題的方法，不妨探討一下。

朱敏：什麼好的方法？

白重恩：我建議國有企業應該多分紅，用部分分紅去補充社保資金。

首先，從效益的角度講，國有企業的盈利與其像現在這樣消耗掉，或者投資到一些沒用的地方，還不如反補給勞動者。當然有人會說，分紅轉移之後企業就沒錢投資，沒錢發展。沒關係，國有企業沒錢了可以找銀行借錢，大型企業貸款是不難的。只要是投資項目好，有盈利，銀行就支持，且銀行會對投資起到約束作用。如果國有企業不分紅，它就有許多剩餘資金，即使投資不賺錢也去投。但是分紅出去以後，這些國企投資必須向銀行借錢，效果就不一樣，銀行會嚴格把關，審查投資項目的可行性，這樣外界的約束會使其投資更加有效。

其次，從公平的角度講，國有企業大多是壟斷繳質，壟斷的利潤應該由全體參加社保的人們分享。現在有社保的退休人員多是以前國企退休員工，他們為國有企業付出了一生的辛勞，應該反補其應有的待遇。

國企分紅補貼社保資金，一方面，可以遏制盲目投資，改善經濟結構；另一方面，留給消費者更多的勞動收入，可支配收入增加，消費也隨之會增加。

朱敏：

通過這個方式，消費和投資的關係可以理順一些。

白重恩：

這次金融危機給了我們一個很明確的信號，就是靠出口保持增長速度是不可能的，即使沒有經濟危機也是走不通的。現在只好依賴國內的投資和消費，然而投資已經過熱，只有寄望於消費。消費從哪裏來？就是社保繳費的減少，然後就是國有企業的分紅。

我們做了一個關於初次分配的研究，即收入在勞動收入、資本收入之間的分配。從統計資料看，中國的勞動收入比例下降迅猛，從一九九五年開始至今，大約降低百分之十二左右，其中有百分之五·二五集中發生在二〇〇三年和二〇〇四年之間，原因是統計方法的改變。

朱敏：統計方法怎樣一個改變法？

白重恩：二〇〇三年之前，個體經營者的收入本來算作勞動收入，二〇〇四年經濟普查之後，就劃分為勞動收入和資本收入。我國有四千萬個體經營者，假如每人平均收入三萬元，那就是一萬二千億，占國民收入的百分之四的收入的一部分就變成了資本收入，勞動收入就減少了百分之四。一正一反百分之六左右的下降幅度就產生了，而剩下的百分之六則是結構調整的原因。轉變體現在農業份額的減少，第三產業在增加，使得勞動收入比例開始發生變化。這是經濟發展過程中的一個必然階段，是經濟發展中有利的因素。

三、打破壟斷，走出「劫貧濟富」怪圈

朱敏：除了統計方法上的變化，有沒有更根本性的原因導致勞動收入在初次分配中的比重迅速下滑？

白重恩：

當然。最重要的問題還是國有企業的改制，以及壟斷問題的增加。如果說初次分配中出現什麼問題的話，最主要的原因就是壟斷。

第一，壟斷降低了勞動總體收入的比例。壟斷企業的總利潤比較多，所以勞動收入在企業總收入中的比重就低。第二，壟斷導致了勞動收入在勞動者之間的分配不合理，形成壟斷的企業工資比較高，其他企業的工資比較低。而且，壟斷形成的問題不能靠行政干預增加其他勞動者的收入來解決。行政性的增加工資，產生的後果是減少了就業。

朱敏：

經濟學中有一個說法是「資本和勞動之間的替代」，勞動成本增加了，就業人口就減少了，就會造成初次分配更不平均。因此，最重要的是打破壟斷或者減弱壟斷，這才是根本的辦法。

是否存在切實可行的路徑？

白重恩：

打破壟斷需要很大的政治決心。首先，我們需要檢討行政壟斷的必要性，到底什麼樣的行業需要行政壟斷，什麼樣的行業不需要。行政壟斷的條件是涉及國計民生、戰略性的行業及產業。到底什麼樣的行業是戰略性的？戰略性的行業值不值得去保護？值得商榷。

比如能源，行業內有三家石油公司和有十家石油公司，如果都是中國人控制，戰略性不會受影響。那麼，三家和十家的競爭程度就變得不一樣，也就是說，戰略性和競爭不一定有矛盾，而人們往往將二者看成對立的。

朱敏：

這就是一些別有用心的人偷換概念。打著保護國家利益的招牌來牟取一己之私，是種「假戰略之名，行壟斷之實」的誤國行為。

白重恩：對，「假戰略之名，行壟斷之實」。事實上國家利益和競爭不一定是矛盾的。

所以說，金融危機在中國的影響不僅僅是經濟，而且也轉移了人們的注意力，其實經濟危機僅是雪上加霜的事情，我們本來就有問題，不能完全歸咎於金融危機的影響。當前，有些部門和企業打的是保護民族產業旗幟，表面上關係國計民生，實際上是關係到他們的既得利益。

朱敏：冠冕堂皇，「劫貧濟富」。

白重恩：為什麼把壟斷過程叫做「劫貧濟富」？因為壟斷企業生產出來的產品最終是老百姓在消費，只要是壟斷產品，價格就會高昂，這不就是「劫貧」嘛；賺了錢之後不給國家不給百姓，自己消耗了，這不就是「濟富」嘛。

如果壟斷企業能夠分紅，拿出其中一部分以社保基金的形式轉換成勞動收入，就變成了老百姓的收入。所以，這種利益的再分配是非常有益的方式，因為一時間打破壟斷還很困難，但可以要求壟斷企業多分紅，打開一個缺口。

最近，國資委把百分之十的股權轉移到社保，我認為還是力度不夠，企業的超額利潤遠遠超過百分之十。這些錢其實有些被糟蹋了，有些被分掉了。

朱敏：說白了，你既然賺的是「國家利益」的錢，就得反補給國民再分配。

白重恩：是啊。但這種既得利益政治上來說勢力很大，要有足夠的壓力才有可能推動反壟斷的進程。現在沒有很好的辦法，只能是通過民間倒逼的方式推進，要讓老百姓意識到壟斷是直接傷害了自己的利益。現在大家只是覺得與己無關，其實壟斷的利益本來就是來自於勞動者。

壟斷的壞處有多種，一是壟斷利潤很高，效率反而很低；二是對創新有極大的影響——壟斷企業為了保持自己的地位，它是不希望創新的，新的企業成長起來會壓制壟斷階層的利益；第三，壟斷會導致人才資源的配置非常失衡。國家培養的重點大學優秀畢業生都「分配」到了壟斷企業，壟斷企業又不創新，人才成了擺設，浪費嚴重。原因很簡單，壟斷企業確實比其他單位收入要高，有利益驅使，不能怪這些學生。

朱敏：但是我們最有創新能力的人才都吃租金去了，這就斷送了國家長遠發展的動力，是一件很可怕的事情。

白重恩：壟斷的利益有自己的持續生命力，那麼多人削尖腦袋往裏鑽，進去之後就自然會保衛固有的既得利益。這是一條惡性循環的道路，是斷送國家前途的事情。

朱敏：

那麼壟斷市場該如何放開呢？比如說股權比例的設限、准入的設限等等角度。

白重恩：

有的應該從對國內投資者開放做起，但是對國外投資應當謹慎一點。其實，我們社會資本是很有力量的，尤其是信息通訊行業的准入應該放得更開一些。高科技產業是未來創新的來源，像中關村很多企業有非常好的技術，但由於進入門檻高，需要和壟斷者合作才可以進入。

所以說，打破壟斷很難給出一個普遍性的政策推薦，不同的行業壟斷的形式也不一樣，所採取的措施也不相同。比如銀行業和通訊業，通訊可以放開准入，銀行就不能放開准入，銀行需要做的是利率市場化。兩者之間存在很大不同，政策不能一刀切。

四、理順價格，堅持理性市場取向

朱敏：

針對內需的困局問題，清華大學秦暉教授提到了價值鏈和利潤率的悖論說。緣起是年前在東莞的一次經濟討論會上，吳敬璉先生認為：「我國出口企業為外國品牌企業代工，一雙鞋價值十美元，在美國的終端市場卻賣了九十多美元，我們只得到了價值鏈的百分之二，太虧了。」一些代工製鞋的老闆則根據他們的切身體會，用利潤率質疑：「國外的品牌商不見得好賺錢，品牌開發的企業利潤率只有百分之一，活得不易，而我們的代工企業利潤率卻是百分之二十。」對此，您有什麼看法？

白重恩：施正榮提出過一個「微笑曲線」的概念，意思是價值鏈兩端是科研環節和銷售環節，中間是製造環節。西方發達國家佔據科研和行銷的市場，而中國等發展中國家處在中間的製造環節。許多人認為兩端盈利率高，希望中國的製造企業也升級進入兩端市場。我覺得，還是應該堅持市場取向，企業能在兩端賺錢，如果經濟沒有什麼扭曲，它自己就會跑到兩端去。你提到的那些東莞老闆所說的也對，只要中間賺錢也可以。兩端做的也不容易，雖然掙得多但是投入也多，比如行銷，需要那麼多廣告來打通管道，所以不僅僅看賺了多少錢，還要看投入了多少錢。

朱敏：您的主張是？

白重恩：一方面，我主張讓企業依據市場需求自主做決定；另一方面也要考慮，這裏面也存在問題，比如環境污染，如果製造企業帶來的污染沒有讓企業承擔，而是讓全社會來承擔，這就降低了製造業的成本。目前有一種說法叫做「成本社會化，利潤個體化」，這就造成了市場的扭曲，使製造業過度擴張。這時，我認為不應該限制製造，而是應該讓企業承擔污染成本，把該得到的收益在決策者身上體現出來，該付出的成本也要在決策者身上體現出來。

總結一點就是：只要理念正確，一切問題都會順其自然地走上健康發展的道路。特別指出的是能源的價格，大家總是指責製造業消耗了太多的能源和資源，但你只要把價格提上去，企業就會變得有遠見，很多結構性的問題就會變得合理起來。

另外，吳敬璉先生還有一個觀點，意思是兩端市場剛開始的時候並不賺錢，但是你有一個學習的過程，慢慢成熟之後盈利就變得自然起來。如果企業有長遠的眼光，也可以考慮這個問題，一旦部分企業開始做兩端，其他企業也會開始跟隨做兩端，這就創造了一種社會的價值，要鼓勵其發展。

這個問題總體來說不是一個是與非的問題，首先是要把價格、稅收理順，享受該享受的利益，承擔該承擔的成本，然後再適當地給兩端一定的鼓勵政策。

朱敏：

就秦暉教授談到的這個現象，也有另一個角度：美國人儘管拿走價值鏈百分之八十八的份額，但是利潤卻由分佈在物流、批發、銷售、策劃、市場調查、商品檢驗等等諸多的環節的大量從業者共同分享。這是美國除了美元霸權以外，美國之所以消費這麼強勁的來源。中國雖然利潤率只有百分之十二，但是利潤卻高度地集中。

白重恩：

這還是屬於社會分配格局的問題。例如環境稅、資源稅，政府也正在考慮，大方向是正確的，但是年初的燃油價格和稅收改革有點半途而廢的樣子，當時是希望隨行就市，跟著國際市場的價格走，結果稅費改革是執行了，但最終沒有價格形成機制。

當然，我們現在經濟狀況不好，不能增加生產成本，可是從調整結構的角度來看，總有一天成本要上去的，還不如早一點做準備。

五、發行債券，以物業稅作為抵押

朱敏：

您早前曾提出，出臺物業稅對解決房地產市場中的投機盛行、中低收入消費者買不起住房等問題，對維持宏觀經濟穩定特別是金融系統的穩定，也有重要意義。最近，關於物業稅的問題又開始了新一輪的爭論。您能否以此為基點，綜合系統地談談中國房地產的深層問題？

白重恩：

物業稅的利好因素我也談過多次，但是目前還是有些爭議。

首先，物業稅所引起的一次性房價降低，有利於中低收入消費者購房。其次，在一般情況下，未來的物業稅額和屆時消費者的支付能力正相關，所以消費者支付物業稅也不應成為問題——經濟狀況好時，房地產價格會較高，在稅率不變的情況下，物業稅額也比較高，消費者收入和支付能力也相應提高；經濟狀況較差時，儘管消費者支付能力較低，但房價因經濟較差而不會太高，所以物業稅額也相應下降。

綜合這兩個因素，物業稅的實施有益於中低收入的消費者。中低收入消費者購房能力增強，房地產開發商將把注意力轉移到為他們提供自住房，中低收入消費者的直接競爭以及開發商注意力的轉移對房地產投機者是不利的。最後，即便未來房地產價格大幅上漲，物業稅也會隨著大幅上漲，投機者所得的投機利潤將受到抑制。

朱敏：

這對房地產市場和整個經濟會帶來怎樣的影響？

白重恩：

當中低收入消費者購買自住房相對增加而投機性購房相對減少時，房地產市場和宏觀經濟的穩定性都會相應提高。首先，房地產的空置率會下降，而過高的空置率是影響房地產市場穩定的重要因素；其次，消費者對自住房的需求比較穩定，而投機需求則受很多外在因素影響（比如境外投機者對匯率的預期）而波動很大。

而且，物業稅帶來的房地產消費者支付形式的變化，也會有助於金融系統的穩定。物業稅的直接效果是將消費者的支付從很高的一次性支付，變為較低的一次性支付加上未來的多次較小額支付。如果消費者從銀行貸款，物業稅使消費者的支付從每月較高的按揭付款變為每月較低的按揭付款加上物業稅款。在後一種付款方式下，消費者面臨付款困難的可能性較小，從而減少消費者拖欠按揭付款或停止按揭付款的可能性，減少金融系統的不穩定性。

朱敏：

物業稅的實施，你認為目前還存在那些阻力和難點？有沒有比較可行的方案？

白重恩：

物業稅的推動有幾個難點。例如，對什麼樣的人減免，如何減免？一個退休的老職工，企業分給他一套房子，當時幾萬元買下來，現在升值到一百多萬元，你叫人家怎麼繳稅？怎麼劃線？再者，不同的地方政府有不同的態度，像浙江地皮已經沒有多少，反正土地出讓金沒了，當然希望收稅。有些地方，還沒怎麼開始徵收土地出讓金，你收了物業稅以後，土地出讓金就開始受到影響。地方政府的利益怎麼平衡？

關於第一個問題，我設想可以從增量開始，存量先擱置，從新開發的房子開始徵稅，如此，消費者也會有預期心理。這裏面，存量的二手房依然不繳稅，否則會影響二手房的交易。

朱敏：

與其等十年做不到，還不如現在從增量開始。十年之後也是很大的量。

白重恩：

當然，可地方政府並不一定待見這項政策。假如新增房價收稅，新房價格就會降低，開發商就不願意買地，那麼地方財政就要受損。前段時間，地方政府根本批不出去地。如果物業稅出臺，財政收入有一點是一點，但是最近的「小陽春」又讓地方政府興奮起來了，物業稅可以說是舉步維艱。

針對這個矛盾，政策可以開一個口子，即允許地方政府以物業稅為抵押發行債券，把未來物業稅的一部分收入拿到現在利用，補償地方政府的潛在損失。但即便這樣，也有人反對：怎麼可以讓政府拿明天的錢今天用？其實土地出讓金的局面已經是這樣了，試想債券規模可以限制，土地出讓金沒法限制。因為債券投資者就會考慮，未來物業稅的還債能力如何？政府自然就會限制債券規模，規模太大就沒有市場。我覺得這是一個比較可行的方案。

第十章

中國經濟轉型契機前瞻

一、危機根植國內，戰略偏差引深思

朱敏：中國經濟的發展，到二〇〇八年為止可以說經歷了三十年的高速增長。現在人們關注的是：二〇〇九年之後，這種增長奇蹟是否還能繼續？

魏杰：你提的這個問題值得深究。不難看到，二〇〇八年對中國最大的影響就是增長速度下滑。對此，歸因於美國次貸危機的居多，其次就是「週期論」。我個人認為，既不是所謂的經濟週期問題，更不是由次貸危機誘發的。以美國次貸危機來說，它與中國增長速度下滑在時間點上並不銜接——次貸危機是二〇〇八年九月全面爆發的，而我們企業大量停產實際從二〇〇七年底二〇〇八年初就開始了。

朱敏：危機溯源，問題何在？把原因推給美國或是經濟週期既然不利於我們自我檢討，那麼會不會是我們的戰略有偏差？

魏杰：一九九八年以後，中國基本靠出口拉動經濟，出口對GDP的貢獻達到百分之四十以上！要知道，全世界的出口導向型經濟都出現了問題，一九八七年是日本，一九九七年是東南亞，都是出口導向型經濟惹的禍。在中國，這種出口導向型增長方式的問題早在二〇〇六年就暴露出來了。當時我們就感覺到了問題的嚴重性：出口導向一定是雙順差，貿易順差和資本順差，雙順差的結果是大量外匯流入中國，我們的外匯儲備大幅上升，就迫使央行發行人民幣收購；外匯在中國是不能流通的，必須讓央行收購，央行發行貨幣太多，通脹壓力很大，導致國內經濟不穩。

同時外匯拿在手裏又成了「燙手的山芋」。因為外匯是對外購買力的符號，只能對外投資，但對外投資都出了問題，無論是買美國國債還是買美國的企業債券，最後都成了中國財富縮水的重要管道。所以中國的方向是不能搞高度的出口導向型經濟，必須調整。

朱敏：

調整之必要應該說已是共識，現在問題的核心在於，應該如何調整？

魏杰：

按說應該是先啟動內需，根據內需調整情況再減少出口，慢慢轉向內需拉動型，實現中國經濟增長方式的轉變。

然而，我們並沒有這樣做。二〇〇七年，中國開始大幅減少出口，兩大政策起到最大效果：一是大幅降低出口退稅，依次於當年三月一日、十一月一日以及年底三次降低出口退稅，涉及到三千多種工業產品，有的降幅達到百分之八十。然而，國內很多企業基本是靠出口退稅存活的。另一政策是大幅提高出口關稅，比如焦炭提高了百分之四十以上。於是在二〇〇七年，我們在沒有啟動內需的條件下，大幅度減少出口，結果出口出不去、內需又沒起來，加上包括貨幣緊縮在內的宏觀政策影響，企業大量減產、停產甚至倒閉。因此，我們必須重視和總結從出口導向型經濟轉向內需拉動型經濟過程中的失誤。

二、謹防投資過熱，啟動內需應多方出手

朱敏：應該說，現在中央高層已經非常正視這個問題，從戰略到政策，都不遺餘力地把啟動內需放在重要位置。

魏杰：啟動內需的主要途徑無非就是投資和消費。投資見效比較快，消費見效比較慢，投資差不多六到九個月就能見效，也就是二〇〇九年六月份就見效。見效意味著市場開始回升，如鋼材、水泥六月份可能首先回升，其他產業隨之回暖，作用開始釋放。消費比較慢，最快九個月，最慢一年以上。所以，我們先啟動的實際是投資。

朱敏：問題是我們的投資率已經很高了，即便要增加投資，是不是也應該增加可以改善經濟結構的投資，比如真正能增加公共產品供給的投資？

魏杰：

對。我把投資分三種：一是民生投資，就是你說的公共產品投資，如醫療衛生、文化教育、社會保障、基礎設施，主體是政府；二是生產投資，是對生產的投資，主體是企業；三是資產投資，是對股票、房產等的投資，投資主體是公眾。

這三種投資中，政府首先能做的是民生投資，因為政府是投資主體。問題是，僅僅靠民生投資還不夠，因為民生投資只占社會投資額的百分之三十左右，還是不能拉動經濟增長。而且，民生投資雖然對經濟增長百分之八有意義，但對企業解困和消費上升意義不大，必須三種投資都啟動。

朱敏：

您說的以企業為主體的生產投資尤為重要，企業必須活躍起來才行。但是光靠投資應該還不夠，最終還須消費來支持。如果消費不支持，需求不可能維繫，因此刺激內需，重心是不是應該放在消費上？

魏杰：

事實上消費又分三種：一是收入型消費，自己掙錢來消費。收入型消費的關鍵是收入，收入提高，消費就上升；收入不提高，消費就萎靡。提高居民收入才是根本性的問題。我們之所以長期內需乏力、一直依賴出口，原因就在財富分配上面，即國家拿的太多，居民拿的太少。所以，應該大幅度減稅、免稅、提高個稅起徵點。如果不調整國家和居民的分配關係，就不能增加消費拉動內需。

二是信貸型消費，就是借錢消費。比如按揭買房。因為不動產消費主要靠信貸型消費，推動不起來的話也不能拉動內需。

三是預期型消費。人的預期決定消費：預期好，消費就高，預期不好，消費就低。這個因素也很重要。預期型消費涉及到社會保障制度的完善，如果社會保障很好，人的心理預期就好，居民就敢於消費；反之，預期悲觀就拒絕消費。比如現在降息，國家大幅度降低存款利率，老百姓是很緊張的。國家可以降低貸款利率，但不能降低存款利率，可以貼息，因為存款利率是老百姓的自我保障，降低存款利率實際上是把老百姓應該得到的拿走了。

朱敏： 看來這三種消費能否啟動的關鍵，都取決於國家是否讓利於民。

魏杰： 經過三十年改革開放，國家富有了，接下來關鍵是老百姓富有的問題。老百姓不富有就沒有消費，沒有消費就沒有內需，沒有內需就依賴出口，解決不了根本問題。三十年來，國家創造的財富是龐大的，但老百姓享用的財富卻是很小一部分，嚴重比例失調。

二、增長模式之惑：「保八」還是保就業？

朱敏： 中央政府推出「四萬億」救市計畫後，地方政府也相繼配合十八萬億的追蹤項目。考慮到經濟慣性很大，近期出臺這麼多宏觀調控政策，會否導致二〇〇九年下半年經濟過熱，有無引發新一輪通脹之憂？

魏杰：

對於這次救市政策，我有兩個擔心。一是過去控制地方政府搞投資，以防過熱，現在全放開了，鼓勵投資，那麼就可能出現許多沒有效益的形象工程。一些地方政府對增加居民的收入沒有積極性，對解決社會保障沒有積極性，而熱衷的是基礎設施，因為硬體建設內藏權錢交易。這樣一冷一熱就會有問題，明擺著是GDP提高了，但最後留下一大堆沒有效益的公共產品。

另一方面，由於國家此次啟動的貨幣政策力度很大，二〇〇九年貨幣供應量將增長百分之十七左右，多發行貨幣就等同於貶值，等於給所有人上貨幣稅，而且給窮人上得最慘，所以我擔心二〇一二年中國還會出現通脹。

朱敏：

在一九九七年亞洲金融危機爆發後，中國宏觀經濟政策的目標就是「保八」，因而百分之八的增長率被業內默認為我們經濟增長的底線。其實對發達國家而言，經濟增長一至兩個百分點，就已經很熱了，中國為什麼要強調百分之八，低於百分之八就不行嗎？

魏杰：

之所以說保增長就是「保八」，原因是我們國家有個資料統計，就是只有經濟增長百分之八才能新增就業人口一千萬，核心問題是為了就業。但這次就未必，因為百分之八的增長率是建立在大量中小企業生存，大量民營企業、出口企業、勞動密集型企業運作這個環境基礎上的。而這次要靠基礎設施拉動，就不一定解決就業，對增加就業作用不大。所以，我非常不贊成百分之八的提法，而應當是「保就業、啟內需、調結構」。

朱敏：因為保增長不一定保就業，那麼就要明確提出保就業。保就業就是保企業，就業百分之九十五靠企業提供，企業都倒閉了，怎麼去保就業？

魏杰：不能刻舟求劍。

朱敏：對！東南亞金融危機之後，我們是依靠房地產和出口拉動百分之八的增長率，因為房地產是勞動密集型產業，同時出口又是大量的勞動密集型中小企業，可以容納一千萬就業人口。這次不一樣，因為房地產和出口企業都陷入了危機，所以核心問題就是要明確保就業。

魏杰：我們注意到，最近全國人大常委會上很多專家提出了要放棄簡單的追求GDP的觀點，呼籲堅持推進產業結構調整，淘汰落後產能，不能因為暫時的困難而放棄經濟轉型機遇。

朱敏：現在我們這次把調結構作為政策之一，調結構應該是市場行為，為什麼要提呢？因為我們是強政府，為了盡快把經濟拉動起來，要強調政府在結構上的作用。最近提出的十大產業振興計畫，都是政府計畫，而且是不計效益的，可能政府投入很大，但是企業卻沒有感覺到。

實際上經濟增長模式在市場的作用下是必然要變遷的。在現在這個階段，特別是在危機形勢下，政府如何給自己一個很清晰的定位？

魏杰：在目前情況下，政府只要做到公共制度政策的制定就行了，不要過多地衝在第一線，把自己作為投資主體、技術創新的主體，否則就容易出問題。我們現在的創新成了一種意識形態，而不是企業行為，其結果就是不利於整體的經濟調整，最後可能是越調越糟糕。現在怎樣度過危機？我們有兩個對立的選擇：一個是加快改革，一個是恢復傳統體制。有人感覺我們現在有種恢復傳統體制的傾向，有點計劃經濟的影子，每天打開電視都是政府在救市，很少看到市場主體的情況……

四、破除路徑依賴，發展民主和混合經濟

朱敏：說到體制問題，其實國內頗為嚴重的是行業行政壟斷，這是跟建立市場經濟要求不相符的。

魏杰：現在我們行業壟斷太厲害，如石油、石化、通信、公共交通等等，反壟斷是大問題。我認為不涉及國家經濟命脈的行業可以放開讓民營企業參與經營，涉及國家經濟命脈的可以搞股份制企業，

讓國家相對控股。

朱敏：國家遲遲不能放開壟斷行業原因是什麼？

魏杰：原因就在於現在還是政府本位的體制。中國經濟有一個非常有意思的現象，就是不同於市場經濟也不同於計劃經濟：運作上強調市場經濟，但最後控制它的又是政府，而且政府直接參與了這種產業的控制。

政府本來就是提供服務，另外可以利用財政政策和貨幣政策進行宏觀調控，而現在政府做的是行業管制，什麼都需要發改委審批，明顯是一種政府偏好的市場經濟。它依賴於某些精英們的聰明，而不是依賴於市場的選擇，一旦出現問題就是危機。

吳敬璉先生有個說法是「權貴資本主義」；我把不是平等交換的市場經濟稱之為「權貴市場經濟」，因為它不是簡單的市場起作用，是權貴在起作用，價格是被扭曲的。

朱敏：權貴強大、民間弱小，這種情況下有沒有比較可行的發展路徑？

魏杰：一是在經濟基礎上真正走向混合經濟，另一個就是在上層建築上發展民主。只有在民主條件下，才能真正限制權貴的作用，才能解決問題。這兩個是最見效的辦法，但是我們一時難以實現。

中國現在恰恰可以做到的是民主監督。隨著互聯網等資訊媒體傳播的日益發達，民主監督逐見成效，通過民主監督可以有效約束公權的過度擴張，但是民主選擇可能還需要更長的時間才能實現。

而推動混合經濟體制，就一定要修憲——已經到了非改不可的時候。如果現在還說以公有制經濟為主、多種經濟制度並存，已經不符合現實，因為評價一種經濟是主是副，主要有四條標準：一是對GDP的貢獻，現在非公有制經濟對GDP的貢獻達百分之六十以上；二是對稅收的貢獻，像浙江稅收的百分之八十都是靠民營企業；三是對就業的貢獻，百分之九十以上的就業是靠民營企業；四是技術創新，我們二〇〇八年專利絕大多數是來自於民營經濟。

同時，十七大提出要提高人們的財產型收入，必然要放開資本市場和房地產市場，這樣就很難講誰主誰副，再講就很難自圓其說。所以，走向混合經濟時不我待。

我們確立混合經濟狀態就可以消滅行業壁壘、行業壟斷，有利於經濟發展。企業的資本結構發生變化，就會自然地消滅壟斷。我們的混合經濟一種是社會形態，一種是企業形態。成為企業形態的混合經濟就是真正的混合經濟，才能真正解決意識形態的問題。國企改革的方向是公司化股份制，就是混合經濟體制。

五、應對危機之本，民營企業迫待減負

朱敏：民營企業是國民就業的主要承擔者，是經濟復甦的希望。而目前政府救市，顯然把投資的主力傾向了國有企業。

魏杰：我覺得政府的「救」就要像打槍一樣，這槍打出去總要引爆別人才行，因為國家的「子彈」是有限的。我要「打」投資，就既要引發投資也要引發消費；我要「打」民生投資，就要引發生產性投資和資產型投資，同時要引發消費才行。但是，我們現在並沒有放大功能，打一槍就是打一槍，不能引爆別人，那就很成問題。原因就是「四萬億」投資基本上都是針對國有企業，民營企業拿不到，這樣就偏離了政府啟動這項計畫的本意。

朱敏：您認為政府在扶持民營企業、增加就業方面有哪些可行性辦法？

魏杰：保就業重點是保企業，就業的關鍵是必須救企業，救企業的核心問題是減少企業稅收，將其稅費負擔降下來。企業啟動了，就業機會就會隨之增加。這樣產品就有降價空間，價格低就有人買，市場則會開啟，企業進而就能存活。

朱敏：

的確如您所言，降低企業負擔、增加企業收入是實現產業振興的重要目標之一。無論是汽車、輕工還是鋼鐵、紡織，業界呼聲比較一致的是希望通過增加出口退稅、降低或取消出口關稅的辦法來增加企業收入，減輕企業負擔。

魏杰：

對於出口企業，要增加出口退稅、降低或取消出口關稅，這樣就會激發增加它的積極性，減少企業負擔，增加利潤。對不出口企業，就是減少稅費，減輕企業負擔。兩者並舉對啟動企業和增加就業方面能起到立竿見影的作用，是解決經濟衰退最行之有效的辦法。

朱敏：

可否對中國經濟未來的走勢做一個預期展望？

魏杰：

我認為，中國最基本的東西沒有變，工業化和城市化的進程還是會繼續推動經濟發展。基於中國的經濟生活水準現狀，普通老百姓的致富欲望還很強，推動中國經濟的繼續發展動力還在，我們稱之為「兩化一動力」：致富欲望，加上工業化、城市化的進程。對於中國的老百姓來說，致富欲望在工業化、城市化的支持下就能實現，從而帶動中國經濟發展。對於中國的企業家來說，要注意能力提升和修養提升，社會一方面要加以愛護，另一方面要在此基礎上推動其提高。這樣才會引領經濟不斷向高端發展。

在當前全球衰退的背景下，對於未來，主流學者有兩種態度：一種是非常悲觀，認為中國還會出大問題，甚至預測二〇一〇年只增長百分之三；另一種則對危機麻木不仁，不太重視問題，過度強調希望。我的觀點可以說介於二者中間，應該是「謹慎樂觀」。我估計，二〇〇九年會是艱難的一年，也可能會出現大的改革契機，比如維權事件的增多勢必引起高層問責。所以這是值得我們關注的一年。樂觀地看，二〇〇九年以後中國經濟會有一個新生。

六、應該把裝備製造放在首位

朱敏：

據了解，國務院正在組織有關部門制定兩大規劃：一是擴大內需的十條規劃，二是十個重要產業的調整和振興規劃。坊間盛傳十大行業包括鋼鐵、汽車、造船、石化、輕工、紡織、有色金屬、裝備製造和電子信息等。您認為眼前政府最需要扶持哪些行業？

魏杰：

從十個產業裏面看，首先是要振興裝備製造。裝備製造就是各種設備和工作母機，我們現在產品製造很發達，但是裝備製造很落後。中國光纖製造設備的百分之百、綜合電纜製造設備的百分之百、石化設備的百分之八十五、數位數碼機床的百分之七十五都是依賴進口。中國的現狀其實是一個很大的裝備需求國，大量依靠進口，這實際上是把自己置於製造業的最末端。因為製造業前端是裝備製造，末端是產品製造，我們是處在產品製造的末端上，等於是為別人打工。

朱敏：

您說的這個問題其實也是結構調整的問題，像國內的民營企業到處都是紡織、服裝、皮鞋、食品等等薄利多銷的輕工業，其實在國際市場利潤都很低，用薄熙來的話說：「八億件襯衫換一架歐洲三八〇客機」。

魏杰：

對，這樣看起來是非常可悲的事情。所以，我們呼籲要把裝備製造放在第一位，這樣才能帶動整個技術創新。裝備製造是社會技術創新的物質基礎，有了裝備製造，鋼鐵、汽車才有真正的競爭力，才能真正發展起來。

第二個需要重點扶持的產業應該是資源類產業，就是能源和原材料。資源類產業是應該加大的，尤其是對新資源，像新能源、新材料要尤為重視。這恰恰是政府要做好的，是戰略性的，涉及國家安全的產業。別的可以放開，市場可以解決。

這兩個產業發展起來，技術創新就能上來，然後把別的平臺放給企業，它自己就能調整自己。不要搞十個，一把抓等於沒抓，要選擇主要的。政府在結構上不能成為投資主體，主要是使用財政政策，要引導產業調整方向。不要把所謂的產業升級當成政府行為，應該當成市場行為。

朱敏：

魏杰：

在呼籲經濟發展模式轉型之外，我們想知道傳統製造業還有多少發展空間？

在產品製造方面，世界市場選擇在中國生產主要還是因為規模，有規模成本就便宜，估計出口不會下降很多，中國依然是最佳選擇。我認為，有市場就不要過度強調什麼時候會產業升級，市場能自己調整。調整結構不代表不出口，出口導向和出口是兩回事。

中國在未來的製造業上，一方面還會是世界產品生產大國，世界工廠的地位一時難以改變。另一方面，要加速裝備製造的進程。現在裝備製造業大國是歐洲，美國基本是金融業和服務業，服務業主要是產品設計、產品開發，處於產品生產的高端領域。環顧世界，製造大國無非是日本、德國和中國，德國和日本是裝備製造（高端製造）的大國，中國是產品製造（末端製造）的大國。中國製造業發展的空間還很大。

第十一章

資本市場
構建金融強國夢

一、推創業板市場，理性認知忌急功近利

朱敏：目前，中國創業板上市的有關政策業已明朗化，但此前您卻認為創業板出臺為之過早，不知您持此態度的緣由是什麼？

吳曉求：我對創業板的理解經過了幾個階段。早期，從資本市場結構的角度考量，需要呼籲推出一個孵化中小企業的市場；之後，開始思考資本市場的風險結構設計，包括社會公眾、原始股東、風險投資應該承擔什麼樣的風險，這些是必須分清職責的。原來有觀點認為，創業板上市能夠解決中小企業急於融資的困境，我認為是不合適的。因為資本市場對融資的要求很高，實際上是一個並不便宜的融資管道，它對股東的回報超過債務的回報。

朱敏：就是說，如果到銀行都融不到資的話，到創業板更成問題？

吳曉求：是的。我們可以看到，創業板政策的出臺非常謹慎，到創業板上市還是有條件的，上市的條件雖然比主板低，但上市後的監管則更嚴格。

第一，門檻不能太低。股本現在已提高到三千萬元，而且還必須有盈利要求，有一套財務標

準，主要是為了過濾風險。

第二，創業板企業上市之後，要對控股股東的減持行為進行嚴密監控。減持條件理論上講要比主板苛刻，因為創業板主要是一些規模比較小的企業，控股股東一旦跑了，企業就完了。所以，對控股股東的減持要吸取股權分置改革的經驗和教訓，控股股東每年減持不能超過所持股份的百分之十，按照這個標準十年之後才能減持完。

第三，一定要對創業板的違規違法行為進行最嚴厲的處罰。這中間沒有警告，也沒有停牌，上市公司和控股股東，一旦有嚴重的違規違法行為，那就要迅速退市，而且是永久退市。創業板首先是個高風險的市場，其次才是個高成長的市場，要跟投資者說清楚。

第四，要把殼資源廢掉，創業板沒有什麼殼資源。

朱敏：那就意味著殼資源的價值面臨重估、貶值，不值錢了。

吳曉求：是的。把以上四條做好，創業板才會有希望。如果沒有這些約束，讓創業板任意發展下去則會對中國資本市場帶來巨大的災難，可能會變成「成事不足，敗事有餘」。值得欣慰的是，這些觀點正在被有關部門逐漸接受，在逐步落實。人性是貪婪的，沒有制度約束，貪婪的人性會無節制地膨脹。

朱敏：所謂「水至清則無魚」？

吳曉求：資本市場還是要有透明度的，否則市場也難以生存下去。

朱敏：上交所和深交所就重啟IPO發佈的有關辦法二〇〇九年六月十八日實施後，關閉長達九個月的A股IPO大門重新打開。您如何看待IPO重啟？

吳曉求：IPO重啟，沒有什麼指數標準，甚至也沒有什麼最佳時機。純粹來說，發行上市是有標準的，符合標準即可IPO。IPO重啟不應與指數掛鉤，而應該按照正常發行規則走。把IPO重啟當作市場調控的砝碼是不恰當的，不能認為指數越低，重啟IPO的風險就越大。IPO是中性的，在一定意義上有利於股市的發展。我認為只要是成長性的、信息透明的上市公司，資本市場都歡迎。

二、正視股市回暖，寄望平穩而著眼長遠

朱敏：對於上半年股市轉暖的話題，您曾表示「資源能源股價格的上漲並不是由實體經濟需求引起的」，那會是什麼原因導致的呢？

吳曉求：

前段時間資源股價格漲得非常快，這並不是經濟回暖所帶來的需求增長。實際上是投資者對美元貶值的擔憂，從而帶來資源配置性需求的提升。事實上，在美元貶值預期下，投資於戰略資源是一種避險行為，資源配置結構調整之後，所帶來的需求不是因為經濟回暖，而是一種避險需求。這種上漲是不會長久的，經過一段時間後就會穩定下來。

朱敏：

可否在此對二〇〇九年股市走勢做一個初步的預判？

吳曉求：

關於二〇〇九年股市的走勢，基本上是一種上升態勢，當然這種上升在下半年是會有波動的，預計在二千點到四千點左右徘徊。現在的行情，實際上就是二〇〇八年大幅度、非理性下跌的一個校正，使之回到一個正常的價值體系中。我認為，三千點左右是比較符合目前的經濟情況。當然，整個的經濟回暖還需要一定的時間，中國的情況大概會比其他國家率先復甦。

朱敏：

基於怎樣的考量？

吳曉求：

主要有兩個理由。第一，中國的銀行體系是健康的，信貸市場不但沒有收縮，反而在大規模擴張，這樣就有資金支撐並推動實體經濟率先復甦。歐美國家主要是金融體系受到了嚴重影響，從而信貸市場大幅度收縮。第二，中國經濟增長的需求結構發生了變化，內需正在擴張，而美國內需已經不可能再擴張。我們經濟增長的新動力正在形成。

因此，中國的股票市場往上漲，是有經濟好轉預期的。應該說二〇〇九年的市場不會出現二〇〇七年瘋長的情況，應該是相對理性的上升趨勢。

朱敏：

您對中國資本市場的整體現狀怎麼看？

吳曉求：

中國資本市場的發展已經處於一個良性發展的過程中。過去幾年，我們花大力氣解決了制約中國資本市場發展的三大問題，從而為中國資本市場的發展奠定了良好基礎。

一是股權分置改革。改革的成功為資本市場發展奠定了非常好的制度平臺。如若不然，中國的資本市場是沒前途的。

二是資本市場的資金管理體制發生了根本性的變化。二〇〇六年之前，證券公司都是準銀行，每個人買股票都要到證券公司存錢，證券公司把客戶的錢分成三部分，一是結算，二個自營，三是同業存款。所以，經常會出現證券公司挪用客戶保證金的情況，市場一旦大跌，證券公司便紛紛破產。但是，這次股市從六千多點下到一千六百多點，沒有一家證券公司破產，原因是我們改革了資金管理制度，從原來的證券公司保管客戶的保證金，到現在由第三方也就是銀行來保管，中間有一個非常高的防火牆。以前的證券公司是市場風險的放大器，市場漲的時候，它挪用保證金助市場上漲，市場下跌的時候它又瘋狂地拋售，這就加劇了市場的波動。因此，資本市場資金管理制度的改革和完善，為中國資本市場的規範提供了良好的外部環境。

三是克服了中國資本市場發展的資源約束。這指的是二〇〇六年五月份之後海外藍籌股的回歸。藍籌股的回歸確實為中國資本市場發展注入了強大的動力。如果沒有它們的回歸，全是一些小公司，這樣的市場還有什麼價值？有了大量藍籌股，才有大量資金通過基金等方式進入中國資本市場，這個市場才會成為財富管理的中樞。

上述三大改革，的確使中國資本市場走上了健康發展的道路。當然，中國資本市場目前並非沒有問題，比如虛假信息披露、內幕交易、操縱市場等都還不同程度地存在。

朱敏：

還有哪些迫待改革的地方？

吳曉求：

股權分置改革給市場留下了一些值得關注的問題，例如，大股東利用減持的機會來操縱市場，有的利用他們的信息優勢，在進行實質意義上的內幕交易。

最近，我發現上市公司高管們減持非常嚴重。在高位減持，相關部門要對此嚴格監控。在高管離任一年之後才能允許減持。無論是大股東還是高管一般情況下不能隨意買自身的股票，只有當市場遇到重大危機，下跌得一塌糊塗時，為穩定股價，才能允許增持或上市公司回購。

如果說股權分置改革留下了一些後遺症的話，那就是大小非解禁到期之後，對於減持比例和節奏沒有作出相應規定，這對股市的穩定會帶來一些問題。

另外，還有一個問題，即中國市場如何更好地開放，畢竟中國市場還是要做大做強的。中國政府決定把上海建設成為新世紀的國際金融中心，這個中心的核心是資本市場，所以開放是必然的趨勢。

三、發展資本市場，中國崛起的金融蹺板

朱敏：

按照您的觀察，中國的金融體系經過十年奠基後會迎來一次革命性的變化，目前以銀行為基礎的金融格局將被徹底改觀，未來中國的金融體系將建立在以資本市場為中心的基礎上。您看好中國資本市場的緣由是什麼？

吳曉求：

中國金融體系的轉型是必然的，因為這涉及到金融功能的結構設計問題。我早前就曾說過，中國的金融體系應該從原來的以商業銀行為主體轉變為以資本市場為平臺的結構狀態，但是金融危機發生之後，有人對這種改革的戰略目標開始出現動搖。因為危機發源地美國的金融體系就是以資本市場為核心的，所以這種擔憂可以理解。但美國如果沒有這樣的金融體系，也不會有後來的成就，反而會遇到更大的問題，現今的金融體系分散了風險。雖然美國的金融體系遭受到沉重打擊，但是它通過良好的金融結構設計還是能夠生存下去。

可以說，以資本市場為平臺的金融體系還是十分重要的。因為現代金融體系的功能正在由資源配置轉向風險配置，即金融體系如何使風險流動起來，把風險分散開來，這是其首先必須考慮的，這是現代金融體系中非常重要的功能和目標。

以前總是忽略這個問題，人們只知道是配置資源，而沒有想到把全社會的資產通過證券化的方

式流動起來，以分散風險。所以，中國金融體系除了需要有一個比較高的資源配置效率外，還需要有分散風險的功能。

朱敏：國務院批准上海建設國際金融中心，也是出於發展資本市場的戰略考量。

吳曉求：是啊，因為沒有資本市場，很多改革難以找到平臺。比如工商銀行無法上市，商業銀行的改革永遠會是一個自我循環的改革，老百姓就買不到它的股票，也就難以獲得工商銀行的分紅，更獲得不了工商銀行資產的增值。同時，工商銀行也難以建立一個現代商業銀行體系，正常的業務就會受到許多干擾。

一旦有了資本市場，現代金融體系就慢慢會構建起來，即使是在金融危機比較嚴重的時候。我本人確信這個戰略目標一定能夠實現。

國內的一些學者，總是覺得中國金融體系應該以商業銀行為核心，因為銀行體系佔據了金融資源的百分之八十。殊不知這正是我們需要改革的地方，也是中國金融體系落後的表現。我相信，再過二十年，通過金融市場配置資源的比例一定會超過百分之五十，這是金融結構發展的必然規律，那時，人們收入盈餘之後，第一選擇的將不再是銀行，而一定是選擇資本市場上的資產配置，以獲得一個比較好的收益。

朱敏：實際上也就是說，把過去咱們是以儲蓄為主的方式慢慢轉變為投資為主。當然，這也跟人們的生活水準的提高息息相關的。

吳曉求：生活水準高了，吃飯問題解決了，人們自然就會關注自身存量財富的增長。

四、強國金融戰略，民主法治建設的根基

朱敏：關於中國經濟的崛起，您提出，需要一種具有變革精神並順應現代金融發展趨勢的強國金融戰略。沒有推動金融結構變革的貨幣政策，就不可能形成強國的金融戰略。那麼，您認為當前的貨幣政策應該作何調整？

吳曉求：中國貨幣政策的主要問題是目標比較實物化，關注CPI。有時候物價的變動和資本與貨幣關係不太大。比如說物價漲百分之五，它是由通貨太多引起的，還是因為經濟結構調整引起的？這就需要研究；再比如說，二〇〇七年石油價格的大幅度上漲，的確會引起物價總水準的上升，但這可能與貨幣沒有太多關係。它是一種戰略資源，也是相對稀缺品。所以我認為，中國的貨幣政策除了要關注CPI，還必須關注金融體系結構性變化，要推動金融體系的結構性變革，要關注資產價格的變化，

這是一個非常重大的轉型。強國金融戰略最核心的問題是要有一個發達的資本市場和本幣的國際化。

朱敏：

為什麼需要這樣的強國金融戰略？

吳曉求：

因為這種金融體系在開放條件下，可以將全球資源為我所用。如果既開放，流動性又好，中國的資本市場就可以吸納大量外部資金，顯然可以以此來推動中國經濟的增長。

美國的發達離不開其強國的金融戰略。為什麼中國一直買美國國債，就是以美元為中心的全球貨幣機制，加上美國有一個流動性比較好的金融市場，讓你不得不去擁有美元，不得不去投資美國市場。這就是強國金融戰略。當一個經濟體系越來越大，要想維持持續穩定增長，僅僅依賴本國的資源是難以維繫的，必須通過強大的開放的金融體系去吸納他國資源。

像韓國、日本的金融體系就沒這個功能，基本上是通過非金融因素來維持十五年的增長從而成為發達國家。但是現在這兩個國家的經濟增長總體上看似乎進入停滯階段，這是因為沒有強大的金融體系。

美國為什麼能保持一個世紀的增長？因為它後面有一個非常強大的資源配置機制——金融體系。再看中國，僅僅是人口資源、制度釋放，就足以維持十五年的高速強增長。但我們要思考的是如何保持一百年的持續穩定增長？顯而易見，這就要在金融體系結構設計上有別於其他國家，要向美國學習。

這就是我呼籲構建一個強國金融戰略的深層原因。

朱敏：對我們國家而言，現在是不是推進強國金融戰略的有利時機？

吳曉求：這次危機削弱了美國金融體系的競爭力，美國自身的政策也正在削弱美元的長期信用。這就意味著原來的金融和貨幣體系出現了裂縫，裂縫給了新的貨幣、新的金融力量以成長的空間。中國恰恰可運用這個巨大的裂痕，來推動人民幣的國際化，來推動金融市場的大發展。

朱敏：人民幣國際化是中國經濟新一輪發展強有力的保障。

吳曉求：對，是強有力的先頭部隊，資本市場發展是中國金融崛起的主力部隊。在實施強國金融戰略的過程中，資本市場的風險將日趨國際化，市場波動會加大，這一點要有足夠認識。中國金融的崛起將要求我們加快推進民主法制化進程，絕不能出現某人一句話就改變規則的事情。當全球的投資者都跑到中國來投資，拿著你的股票、國債，這個時候你想隨意改變規則，那是不可能的！必須要按法律程序進行，必須按國際規範進行而且信息還要透明。我始終認為，金融的開放和發展與民主法治社會的建設是相輔相成的。金融市場的發展和國際化可能是中國社會民主法制不斷完善的重要推動力。這也許是中國金融體系的民主化過程。我們不就是要建成這樣一個社會嗎？

如果說我與其他學者有什麼不同觀點，那就是我是從戰略的角度意識到：金融市場的發展，特別是資本市場的發展，是中國經濟崛起的強大動力，同時還是中國民主法治建設的根基。

朱敏：

這也是開放市場的一個好處。但也要看到改革開放以來壟斷的積累，這種財務槓桿化的市場會不會變成壟斷集團的工具？

吳曉求：

現在中國經濟有兩個完全截然不同的領域，一種領域是比較市場化的，一種領域卻是集中壟斷化。

黃光裕是資本市場的一個典型的反面案例，確切說是一個「資本家＋官僚主義＋權力腐敗」的典型結合。假設沒有資本市場，沒有權力腐敗，黃光裕怎麼可能在這麼短短的幾年中搞到一千多億？因為資本市場有一個幾十倍的從利潤到財富的乘數效應，所以很多人開始並不明白資本市場的威力，現在突然明白原來有這麼大的財富魅力，難怪許多受到腐蝕的權力開始向資本市場伸手。

傳統的腐敗案件，無非是組一個公司，搞一個礦產，一年掙一個億。現在的上市公司腐敗，一旦操縱市場，就不僅僅是一個億，而是一下變作幾十個億，它是這樣一個乘數化的過程，所以資本市場的發展，金融體系的現代化，要從制度上防範來自腐蝕的權力。

也如剛才所說，在制度上要對三大違法行為嚴厲打擊，第一是虛假信息披露，第二是操縱市場，第三是內幕交易。當然，如果從法律上把這些控制住，也就控制住了被腐蝕的權力向資本市場的轉移。

朱敏：資本市場肯定還存在一些漏洞，到濫權者手裏面很容易被腐蝕偽裝成一個正常的冠冕堂皇的東西。

吳曉求：有人是不想識破它，有人是識破不了它。資本市場發展初期，腐敗群體對資本市場並不感興趣，因為他們不理解資本市場的造富功能。但是慢慢他們發現實體經濟牟利太過緩慢，而資本市場很迅速，所以大量的被腐蝕的權力開始往資本市場轉移，因為資本市場上存在一個乘數化的暴富機制，這是非常可怕的。

五、外匯儲備縮水，金融落後的一記鞭笞

朱敏：持續增長的高額外匯儲備讓中國亦喜亦憂。記得您曾表示，完全不認同「投資美國國債是中國外匯儲備資產結構最優選擇」的說法，稱是被迫的選擇。為什麼這樣講？

吳曉求：中國的外匯儲備之所以這麼多，是和長期的貿易順差、FDI聯繫在一起的，是目前外匯管理制度

的必然結果。

首先，中國無論是貿易順差越來越大，還是外匯儲備越來越多，我始終認為是全球貿易和投資保護主義的結果。實際上全球貿易和投資保護主義已經非常嚴重。本來中國的產品價廉物美，利用我們自身非常廉價的勞動力和廉價的資源，使得中國製造的日用消費品佔據全世界消費品的百分之八十。出現巨大的貿易順差之後，我們想買一些中國經濟發展所需要的戰略資源，或者是目前還不具備優勢的一些高科技產品，以此平衡我們的貿易收支，相互彌補、共同發展。一個國家不可能包打天下，它有自己的優勢，也有自己的劣勢。比如說美國，顯而易見它的高科技產品是貿易優勢，中國需要的就是用消費品交換它的高科技產品。後來發現美國人不賣高科技產品給我們，這樣中國就產生巨大的貿易順差了，這就是貿易保護主義帶來的無奈。

第二，中國的外匯儲備這麼多，也是投資保護主義的結果。中國逐漸富裕之後，我們的企業想去國外投資，卻發現國外投資是難以想像地艱難。中國自改革開放以來，成為世界上最開放的國家，有的地方不惜省長出動帶隊踏出國門招商引資，一旦我們的企業要去歐美投資，人家就覺得你有什麼動機似的，像要來顛覆這個國家一樣，對你嚴加防範，相當排斥。

朱敏：中國企業出國投資很不容易。反觀自己，我們在某些方面是不是對外有點過於開放了？

吳曉求：對啊，媒體經常報導，國內的很多礦產莫名其妙地就被外國人買走了！基於此，我建議，政府相關部門應當制定相應的法律法規：所有的地下戰略資源嚴格禁止外資進入。你看這次收購力拓，我們花一百八十五億美元人家都不同意，他們不就是這樣做的嗎？

本來跨國投資可以減少中國的外匯儲備，但是阻力重重，投資不成就只能換成美元了，而美元一直不斷貶值，無奈的出路就是買進美國國債。所以，購買美國國債是被迫的選擇，是貿易保護和投資保護主義的犧牲品，一個受害的結果，絕不是最優的選擇。源頭出在目前全球是單一的貨幣體系。

朱敏：

單一美元貨幣體系確實有很大問題，它沒有約束，全球的金融體系很容易被美國綁架。在應對金融危機中，美國政府除了通過刺激財政，剩下的伎倆就是通過大量發行美元來刺激需求，但大量發行美元就意味著持有美元及美元資產的國家資產貶值，中國首當其衝。

吳曉求：

我們擔憂的就是這個問題。現在中國已經是受害者，所以我們必須改革，推動全球金融結構和貨幣體系的改革，反對各種形式的貿易和投資保護主義。

要改變目前的情況，首先必須改革國際貨幣體系，也就說國際貨幣體系結構上要有制衡，要有多樣化選擇。對中國來說，就是要推動人民幣國際化的進程。其次，還必須調整全球金融市場結構，現在美國是全世界最重要的資產市場，但是一個不夠，應該出現幾個同等重要的資產市場，比如中國。因此，要改革現行的國際貨幣體系，構造新的金融秩序，就要建設新的金融中心，就要讓人民幣逐步成為新的國際貨幣體系中的重要一員，才能夠改變目前的狀況。這是一個宏大的戰略。

六、以資本市場支撐人民幣國際化

朱敏：中國中央政府二〇〇九年屢次出牌大動作，在國內五大城市開展跨境貿易人民幣結算試點，並力推上海建設國際金融中心的規劃。這些舉措，力度和意義都不可謂不大，但還是存在一種最基本的疑問：人民幣到底能否做起來？

吳曉求：我還是相信人民幣能國際化。一個國家的貨幣要成為一個國際性的貨幣，它的產業必須具備特性和不可複製性。中國的產業目前雖然還不完全具備這一點，但是整個經濟發展形勢良好，加上人民幣具有較好的國際信用，同時美元的長期信用現在受到某種程度上的削弱，也就是說全球貨幣體系裏面已經出現縫隙，此時如果有新的穩定貨幣出現，就會慢慢被人們所接受。

朱敏：經過此次危機之後，隨著世界經濟重心的調整，未來的世界貨幣會呈現什麼局面？

吳曉求：我們可以看到，這一次的國際金融危機引發了各國對以美元為核心的貨幣體系多種弊端的深刻反思，鑒於這種單極國際貨幣體系的利己性、缺乏約束制衡機制、權利義務不對稱等內在缺陷，各國在不斷比較與衡量的基礎上，希望改革現行的國際貨幣體系。當打破現有貨幣體系的收益大於成本成為一種持續預期，美元將無法再維持唯一國際貨幣地位。世界貿易呈現出的多元化開放格局，以及世界金融儲備體系和世界貿易結算體系的變化趨勢，促使全球貨幣體系必將作根本性調整。

從單極向多元的國際貨幣體系改革，將會全面提升歐元、人民幣和日圓等貨幣地位。人民幣雖然目前不是國際儲備貨幣，甚至還不是可交易的貨幣，但中國具有日益增強的綜合國力且是美國最大的債權國，具有不容忽視的力量。在重建國際貨幣體系中，中國一方面要積極參與國際貨幣體系改革進程，整合新興經濟體和廣大發展中國家的力量，爭取更多的話語權；另一方面，應該積極創造有利條件，加快推動人民幣的國際化步伐，成為多元國際貨幣體系之重要一元。

朱敏：

路徑呢？

吳曉求：

這次金融危機對中國的對外貿易不可避免形成負面影響，但就貿易結構來看，中國出口主要集中在勞動密集型產品及中低價產品，收入彈性相對較小，在經濟不景氣和居民收入下降時對這些商品的需求可能不降反升。同時，中國通過採取上調部分行業產品出口退稅率、改善對外貿易環境等系列措施，部分緩解了國際經濟形勢變化對中國進出口的影響。因此，金融危機之下的中國對外貿易，面臨嚴峻挑戰的同時也不乏有利因素。此外，危機倒逼中國貿易結構升級，提高產品競爭力和科技含量，這將增強貿易支付的選擇權和貨幣影響力，有利於人民幣國際化進程的推進。

朱敏：

具體來說，中國怎樣才能牢牢抓住此次機遇？

吳曉求：

中國要實現從大國向強國的轉變，必須解決貿易大國與金融小國的矛盾，這需要依託金融的崛起，而金融崛起則要求擁有國際化的貨幣環境。在目前全球金融危機下各國綜合實力此消彼長的較量中，總體而言，人民幣國際化機遇大於挑戰。

如果要想牢牢抓住歷史機遇，貿易將是一個突破口。這要求我們必須進一步擴大人民幣在周邊國家和地區結算、投資使用範圍。政府近期公佈的人民幣跨境貿易結算措施，從短期來看，主要是為國內的外貿企業規避匯率風險所採取的重要措施，長期來看，它是人民幣國際化邁出的關鍵一步。

此外，中國還要積極穩妥推進亞洲區域貨幣合作，使人民幣在周邊國家和地區包括整個亞洲率先實現區域化。最後，不僅在周邊國家和地區還要在世界範圍內，不僅在實體貿易上還要在金融投資上，逐步放鬆對人民幣兌換、交易的限制，最終使之成為完全可交易的貨幣和重要的國際儲備貨幣。

朱敏：

周邊化、區域化是人民幣發展當前的首要任務？

吳曉求：

區域化只是人民幣國際化進程中非常短期的目標。我認為，到二〇二〇年，人民幣將成為全球第二大貨幣，目標也就是超過歐元。這一目標非常重要，中國在相當長時間不要成為老大，一定是美元在前面，中國排在第二。因為，美國雖然遭受金融危機重創，但它畢竟是全球金融體系一百多年的霸主，世界經濟格局短期之內難以撼動，中國若與之競爭，為時過早，短期內的工作重點應該放在與美元共同發展上。

不過，國際貨幣體系在未來一段時期有可能出現歐元和美元爭奪主導權，日圓和人民幣伺機出擊的局面。最終能否出現多強鼎立的局面，仍將取決於博弈各方的力量消長。但從單極到多元的國際貨幣體系改革是必然發展趨勢。

朱敏：支撐人民幣國際化的核心點在哪裏？

吳曉求：需要一個具有足夠廣度、深度的金融市場尤其是資本市場，來支撐人民幣的國際化。發展資本市場，首先要通過持續加強制度建設和完善法制體系來實現規範發展，以有效解決資本市場下的「逆向選擇」和「道德風險」問題，從而增強對市場主體和資金的吸引力，實現資本的可持續流動，保持資本市場的健康穩定；其次，要完善結構，不僅注重股市，還要注重債市與金融衍生產品及市場的發展培育。在產品創新上把握尺度，加強產品設計各環節風險控制和風險管理；最後，制定全球化發展戰略，要樹立起大國心志、大國視野和大國責任意識，把中國資本市場培育成新世紀國際金融中心和全球重要的資產配置中心或財富管理中心。

第十二章
危機下的品牌中國良謀

一、內需立國，品牌改寫「微笑曲線」

朱敏：

您曾經形容中國的經濟特點，就是「製造大國，品牌小國」。在整個利潤結構中，我們的製造和研發只占全部利潤的百分之五至百分之十，「品牌小國」的諸多問題令人堪憂。對此，您如何認識和估值品牌戰略在我國經濟發展中的地位和作用？

艾豐：

這個問題需要稍作說明。國際上的「微笑曲線」，即一個商品、三個環節。三個環節指的是研發、製造和銷售。其中製造環節占三個環節總利潤的百分之五，最高不超過百分之十。研發的利潤高，銷售的利潤高，笑起來的曲線就是兩邊高、中間低。無奈我們國家就處在中間環節。

朱敏：

在三個環節中，製造處於「價值窪地」。

艾豐：

對，它和其他環節之間的差價基本上在十倍左右。

品牌小國還涉及到三個問題：一是效益低。因為占總利潤的比重很小，主要依靠數量，企業經濟效益不樂觀。

二是影響外貿的持續發展。即使沒有金融危機，我們的外貿也已經有了很大的障礙，反傾銷的案件日益增多，姑且也可以說是貿易保護主義，但是這和中國外貿的增長方式有關。我們原來是「增量降價」的模式，即出口的總量貨物在上升，而單位產品的價格在下降。實際上，這對進口國也有損害，我們自己也不佔便宜。一個杯子賺一元，十個杯子可能賺五元，可見這種模式難以為繼。最佳的模式是，出口的量未必太大，但是商品附加值要大。

最後，OEM的模式是不穩定的。即便沒有金融危機，隨著工資的提高，加工的成本也會日益增大。世界上許多後起的發展中國家，人家的工資要比中國低，取代中國的進度已經提前了，比如越南和印度。所以，品牌小國的狀況必須盡快轉變，無論是應對貿易摩擦，還是未來的貿易穩定都是必然的選擇。

朱敏：

擴大內需和品牌戰略的內在關係是什麼？

艾豐：

我認為擴大內需主要的問題是，必須和轉變增長方式結合。如果在原來粗放的程度上擴大內需，從而掩蓋了增長方式的轉變，那麼帶來的問題仍然很大，這是明顯的短期行為，會陷入更大的瓶頸。以前所謂的增長方式是粗放的，耗費過多的資源和能源，造成過多的污染，我們稱之為「三高兩低」，即高投入、高消耗、高排放和低產出、低效益。

所以，中央提出的轉變增長方式重點是資源向優勢企業集中，而品牌戰略真正要解決的問題是資源和市場向優勢企業集中，使得那些粗製濫造、低水準企業的市場不斷地縮小，這樣就可以把擴大內需和轉變增長方式同時實現。同時，品牌戰略可以更多地利用軟資源即信息性資源，包括信息、科技、文化、創意等等，提高產品和品牌的文化附加值。我國是文化資源大國，這個優勢，只有實施品牌戰略才能發揮出來。我提出過一個口號：中國企業家要學會更多地利用軟資源發財。

朱敏：現在中央的「四萬億」投資和各地的預算投資，是否更多地因循了過去的基礎設施的路子？

艾豐：「四萬億」投資到基礎設施，我認為還是對的。中國還是一個工業化中期的國家，這意味著我們的基礎設施還未完善，特別是一些西部地區、落後地區。如果在經濟過熱的時候投資基礎設施是不可行的，那樣物價將飛漲，所以一九九八年亞洲金融危機時做的基礎設施，現在看來還是立足於長遠的項目。

危機是個辨證的概念，對整個經濟形勢是「危」，對基礎設施建設就是「機」，這時候中央投資基建對GDP可以拉動，對物價可以平衡，這對中國的長遠發展和各區域的協調發展會起到非常大的正面作用。

大眾對基礎設施建設可能不太了解，實際上投資中大概有百分之三十會轉化為消費資金，比如鐵路投資一百億，最後不一定是鐵路部門使用，它帶動許多產業和勞動力，最終消化之後，一部分就轉化為消費。

朱敏：但這樣容易對社會投資產生「擠出效應」。

艾豐：

基礎設施是大項目，只能是歸屬於大企業，小企業肯定沒有能力，但是整個經濟帶動起來，中小企業也會受益。在工業化中期的中國，這些事情是必須做的，這麼大國家如果交通不發達，經濟很難發展起來。中國經濟很大的一個因素是東中西能夠協調發展，盡量實現一體化。

二、品牌思維，戰略統籌解困危機

朱敏：

在金融危機蔓延的今天，中國提升品牌戰略的作用在哪裏？

艾豐：

我在「五對思維」理論裏有句「以上對下」，主要闡述現在是發展中國自主品牌比較好的時機，那麼危機的「機」在什麼地方？我認為其一是，中國的自主品牌離不開中國，離不開國家品牌，只要國家品牌提升了就等於自主品牌提升了。實際上，這次金融危機讓我們提升了，發達國家的增速是負增長，中國依然保持在百分之八左右，加上奧運會的行銷，國際形象日益增強。

另一方面講，金融危機給我們上了一堂課，其中包括品牌課。三年前我去東莞講課，我說：對你們的經濟「一則喜，一則憂，一則擔心」。喜的是加工業發達，可以說是世界製造業中心，憂和擔心的是你們缺少品牌，多數是OEM，將來有一天要吃大虧的，因為你們沒有自主權。無奈當時形勢大好，許多人不以為然，但是，現在看來沒有品牌的企業確實深受危機困擾。相反，品牌企業受損很少，相當一部分企業出口反而增加。我覺得這次危機對人們最大的教育是「市場的教育」，使人們更及時地認識到，不建立品牌肯定沒有出路。

最近，中央組織八大部委的專家學者去廣東調研，點名要求一個品牌的專家，這就說明了高層對品牌問題的重視。

朱敏：以前我們認為談品牌是個時髦的話題，現在可能不能局限於喊口號，還得有實打實的動作。通過這次金融危機，品牌在國家戰略中有沒有進一步的提升？

艾豐：我覺得目前還談不上。黨的十六大、十七大以及中央文件都明確指示要發展自主品牌，但依然缺乏一個對品牌戰略的統一部署和統一研究。原來，品牌問題主要在質監局、工商局、商務部的管轄內，現在，我們迫切呼籲在中央成立一個機構，來統籌一切，這方面我們還有一點缺陷。

朱敏：在過去幾年裏，品牌戰略逐步發展，已經延伸到我國經濟生活的各個層面。在這種情況下，品牌戰略還面臨些什麼問題？

艾豐：作為企業，走出去要補足自身的薄弱環節，在研發、製造、銷售三個環節，我們弱在研發和銷售，所以要重點提升。研發可能提高得更快一些，基本上可以自力更生，但是銷售必須和世界打交道，在發達國家有你的發言權這是特別困難的，人家的銷售管道已經很成熟，要擠進去很困難，需要做大力的探索。例如，先做一些華人管道，華人管道融合在世界各國社會裏面，再利用華人和別國國民優勢對接。現在由於中國產品質量提高了，特別是中國地位提高了，企業比較有積極性，外國人也開始接受中國製造了，實際上缺乏的是一個可操作的路徑。

作為國家，我認為政府大量的外匯用於購買美國國債並不可靠，貨幣權在對方，別國想貶值就貶值。建議考慮部分給企業做貸款，在國外買些礦山、股權，做一些實業，所謂「以實對虛」就是這個概念。不要「以虛對虛」，對於虛擬經濟，我們不是歐美的對手。

三、區域經濟，品牌拉動產業聚集

朱敏：實踐證明，各個地區的發展都離不開本土品牌——「海爾」之於青島，「長虹」之於綿陽，「春蘭」之於泰州，「雙匯」之於漯河，都說明品牌企業對當地的經濟發展有相當的帶動作用。在您看來，品牌對區域經濟的發展有哪些戰略意義？

艾豐：關於區域經濟的發展，我有個五句話的邏輯。

第一句話：「一個地方的發展，取決於它的市場競爭力。」以前追求門類齊全是不對的。

第二句話：「市場競爭力取決於它的經濟有無特色。」就是差異化，它有兩個內涵，一是標榜不同，你賣香蕉我賣醋，山西的醋有名就應該鼓勵發展。二是，他人不可替代性，不是替代他人性。比如牛奶企業多在內蒙，因為它有草原，沿海再發達也沒有草原的天然生態，這就是最強的一個競爭力。比如廣東，政策有不可替代性，機制有不可替代性，如果這兩條被取代，它還可以有依託臨近港澳等其他的不可替代性。所以說，地方經濟一定要尋找自己的不可替代性，發展自己的不可替代性，這就避免了紅海現象。

第三句話：「特色一定要形成支柱產業和產業集群。」即形成產業基礎和規模。

第四句話：「支柱產業和產業集群一定要有龍頭企業。」

第五句話：「什麼企業可以做龍頭企業？就是品牌企業。」所以，一個地區的發展最終要看品牌企業的狀況，許多城市都證明了這一點，有些地方一個企業就帶動一個產業鏈的發展。

朱敏：

有些城市龍頭企業就代表了地區形象。

艾豐：

這個很常見，剛才你也提到了一些，四川（綿陽）的長虹彩電、（安徽）蕪湖的奇瑞汽車、江西（南昌）的昌河鈴木、（河南）漯河的雙匯火腿……

四、品牌聯姻，靠優勢對接走出去

朱敏：您曾說「如果沒有品牌，在經濟全球化的格局中，不管你企業多大，都是趴著的經濟，不是獨立自主的經濟」。那麼在新一輪的貿易保護主義復甦的時代，如何實施品牌戰略和走出去戰略？歐巴馬也提出要振興美國製造業，這對發展中國家顯然是不利的信號。

艾豐：我要是歐巴馬，也會這麼做。因為美國的製造業確實已經落後了，上世紀七〇年代已經不如日本，後來發展IT業才反超日本，但是製造業一直沒有很大改善。現在美國市場三分之一還是日本汽車，通用焉有不倒之理？

對於走出去戰略，我認為應該把思路調整一下，把主要靠「優勢對抗」轉化為主要靠「優勢對接」。

朱敏：怎樣轉化？

艾豐：優勢對抗，意思是我的成本低，那就做低價格出口，那麼人家就要封鎖你，人家就要自我保護。雖然優勢對抗會長期存在，但以此為主的出口模式肯定難扛大旗。

今後的走出去戰略還是要依靠「優勢對接」，就是把我的優勢和你的優勢結合在一起。例如，浙江橫店的節能燈產業，就是靠優勢對接取得長足發展的。國內優勢是低成本，國外的優勢是高技術，把高技術引進來和國內的低成本結合在一起，那麼，這個產品在國外有優勢就是高技術，在國內也有優勢就是低成本。外國人能賺到錢，我們也能賺到錢，完全靠低成本肯定銷售不出去。

再有，像海爾集團和世界家電巨頭相比，它的最大優勢是在中國的服務網路，這點外國人怎麼做也做不到。白岩松曾經提問張瑞敏說：「你怎樣利用你這個優勢和外國競爭呢？」張瑞敏回答：「我要讓跨國公司利用我的管道賣它的產品，然後，換取在國外利用它的管道賣我們的產品。」後來，他和日本三洋簽訂協定，就是依附這個原則。這就是優勢對接，雙贏而不吃獨食，就像聯姻一樣。

朱敏：古代是「公主和親」，現在是「優勢對接」。

艾豊：呵呵……而且，我覺得中國製造走出去，要擺脫過去「打入國際市場」的宣傳辭彙，那樣「狼」的味道太重。中央在十六大、十七大提出國際貿易要實現互利共贏，所謂共贏的主要方式就是優勢對接。我認為，走出去戰略一定要和優勢對接戰略結合起來，這樣更實在一些。不然，外國人會認為，中國產品就是消滅他國的產業，走出去就是對人家的傷害，人家為什麼不保護呢？

朱敏：有點「正當防衛」的意味。

艾豐：我認為，保護主義和保護不是一個概念，世界上每個國家的政府都要注意民族利益，但這不等同於民族主義。在走出去戰略上要以我為主，但要學會換位思考。

朱敏：上世紀九〇年代，您組織策劃了著名的「中國質量萬里行」活動，藉助各種管道把新聞的輿論監督作用發揮到極致。我們知道，國內的製造企業還停留在第一階段，貼牌嚴重、產品附加值很低，加上新一波的貿易保護主義，中國製造舉步維艱。今天看來，應如何從「質量」二字上做文章，衝破中國製造業的出口瓶頸？像二〇〇八年就暴露了許多的質量問題，比如說以三鹿奶粉為典型的三聚氰胺事件。

艾豐：關於質量問題，我認為當今主要原因還是文化問題。當然，我們平常說的質量問題是工藝問題，也是技術問題，但現在已經成為文化問題。鄧小平說：「質量是一個民族素質的表現。」質量就是一個民族的素質，也是民族文化的體現。中國民族文化現在最大的問題就是急功近利。成本小小的，利益大大的，大家都想走捷徑快速發財，偷工減料、假冒偽劣成了習性。

朱敏：殊不知，「人間正道是滄桑」啊。

艾豐：

其實，技術發展到今天已經不單單是一個技術問題，而演變成一個文化問題。我覺得，目前最重要就是克服急功近利的文化，我們才能踏實下去，才能把聰明才智用到正確的地方，所以，品牌建設既是一個經濟問題，也可以是一個文化問題。

朱敏：

美國等西方國家，也存在這種現象吧？

艾豐：

美國和中國的情況不同，美國都是公子哥，覺得自己了不起，覺得自己最富有，這種觀念逐漸形成一種文化，就是過分的優越感。我們恰恰相反，是自卑感摻雜著急功近利的心態。

五、以一對二，亟待打破二元結構

朱敏：

全球金融危機尚未見底，中國政府已經對如何應對金融危機採取了一系列舉措，在二〇〇九年的博鰲論壇上，溫總理表示中國經濟已有復甦跡象。危機初始時，您曾歸納出中國應對世界金融危機的「五對」思維的原則，那麼您對中國經濟下一步的走勢有何看法？「五對」思維還會進一步發揮功效嗎？

艾豐：

這次經濟危機不同於一九二九年的那場危機，它是在全球化背景下，美國經濟模式出了問題而爆發的經濟危機。美國經濟模式就是超前消費，整個國民就是超前消費。美國人從銀行借的錢超過往銀行存的錢。美國政府是世界最富的政府，可是它也是借債最多的政府。掙五百花一千，能夠持續下去嗎？中國的問題是國內需求不足，需求不足的根本原因是城鄉二元結構。我國農民的購買力太低了。我說的「以一對二」，就是要以城鄉一體化改變城鄉二元結構。這個問題存在多年了，這次金融危機逼著我們必須盡快改變這種狀況，從這種意義上，金融危機也是好事。

朱敏：

但是城市裏也存在這種現象，比如突出的是多數的年輕人都買不起房子。

艾豐：

年輕人買房子是個過高的要求，發達國家都不可能，這是我們國家房改中遺留下來的一個片面性問題。當年房改的時候把租房取消了，這是不對的。因為社會上會有相當一部分人在相當一段時間內買不起房子，國家應該照顧一部分收入低的人，提供租房市場。房地產應該是一個多元化的市場不應該是個一刀切的市場。

我認為，需求不足主要是農村消費不足。一九九八年，我向中央提出加快城鎮化建議，後來寫入第十五屆三中全會文件，特別指出農村不光是解決農業的問題，而是應解決拉動全國經濟的問題。因為中國主要的問題是要變成一個內需為主的國家，而不是依存度過高的外貿國家。中國農民當務之急是增加現金收入，那麼就必須推進城鎮化。

朱敏：近二十年來，中國城鎮化的模式也有問題，幾乎等同於剩餘勞動力外出打工，其實大多數回過頭來，身分還是農民，只不過是勞動力的局部轉移。

艾豐：那不叫城鎮化。城鎮化的嚴格意義是農民變成城鎮居民，它的家庭必須是生活在城市，生產和消費模式必須城市化。

增加農民收入的唯一道路就是減少農民。長遠來看，就要採取「以一對二」的政策，一體化代替二元化，必須改變二元化。

城鄉一體化的概念很早就提出來了，但是這些年的政策一直斷斷續續沒有銜接，各方面沒有綜合起來的意識。比如，我們提出的建設社會主義新農村和縣域經濟，這兩個口號就沒有銜接。

朱敏：對，現在的狀態，很大程度上都是割裂的。

艾豐：其實建設社會主義新農村，重點應該是發展縣域經濟，建設村莊、撥款修路都是起不了大作用的。我們知道，縣城是城鄉結合部，它有工業、商業和服務業，也可以直接聯繫農村。如果縣域經濟發展起來，就可以作為突破口，比較快地解決城鄉一體化問題。像北京這樣的大城市，是不可能解決城鄉一體化的問題的。

朱敏：

您的意思是不能一直在土地上下功夫？

艾豐：

農民收入低就是因為勞動生產率低。我們的小麥好的畝產可以達到二千斤，畝產已經很高了，但是農民為什麼還窮呢？因為土地少。澳大利亞小麥畝產一百五十斤，為什麼還一直出口啊？因為它的人均耕地面積達到二千畝，勞動生產率高。意思就是不減少農民數量，生產效率就提高不起來，農業就業沒有太大需求，必須轉移出來。

城鎮化之後就形成了規模，才會有廣大的縣型級的工業化和現代商業出來，沒有聚集不可能有現代商業，農村沒有第三產業。現在大村莊制也是集中化和規模化的思路。

六、版權產業，中國市場前景廣闊

朱敏：

金融危機爆發以來，世界各大媒體一片肅殺之聲，甚至在國內也一改往日「報喜不報憂」的固定傳統，唱衰的聲音好似「四面楚歌」。有人認為，新聞媒體在這次危機中扮演了不恰當的角色，過多地渲染悲涼的氣氛會使大眾喪失對市場的信心，直接導致消費和投資意願下降。您認為在應對危機的背景下媒體業能夠有何作為？

艾豐：

我們媒體有一個問題，就是優勢和劣勢同時共存。劣勢是往往造成單向的過分放大。因為媒體作為傳播媒介，它的社會輿論狀況，它的影響力，它造成的後果是巨大的，往往容易造成一種單向放大的副作用。

另外，媒體應該鼓勵多層面的報導。任何事物都有多層面，因為任何事物的本身都存在著多層面的問題。金融危機也有有利的一面，或者是可以轉化為有利的一面，把它挖掘報導給公眾，這樣提到經濟危機，就不會搞得人心惶惶。新聞報導不是建立在一個空洞的基礎之上，而是建立在一個客觀的情況的基礎之上。所以需要一個多側面的輿論，就有一個把握尺度的問題。

朱敏：

現在的社會，是一個信息特別流通的社會，媒體很容易出現這個問題。另外，還有一個現象，有些媒體有一些幸災樂禍的意味，唯恐天下不亂，這是一種純粹的商業炒作。

艾豐：

新聞媒體本身就有這樣一個特性，它的任務不是追求「面」而是追求「點」，它無法包含和解決「面」的問題，只能做到追求社會的熱點、難點、前沿點。

如果一篇報導就把一個「面」說清楚了，那是學術文章，而不是新聞報導。新聞報導就是要追求一個點的突破，而關於「面」的構建那是學者的事情，不是記者的事情。

新聞媒介越是商業化，越要刺激大眾的眼球，它就需要找到最尖銳的一點，要不然誰去看它？因此媒體本身克服不了這一問題，只能另闢道路，多一些深度報導，多一點全面的報導，多側面的報導。

朱敏：柳斌傑署長不久前透露，新聞出版行業有望對民營資本開放。據他介紹，我國新聞出版行業改革在融資政策上要突破，包括大型傳媒上市，吸收大型國有企業入股並和民營的資本連接。您可否給我們展望一下中國新聞出版業的前景？在美國，「版權產業」占國民經濟的百分之三十三，超過了航空、航太、汽車等產業。您怎樣看待和國際的差距？

艾豐：我認為方向是對的。新聞出版作為一個產業來發展，主要問題是有一個障礙，即體制障礙。如果能克服國家政策中的體制因素，中國的新聞出版業肯定會迅猛發展，原因很簡單，中國人口眾多，出版一本書就有十三億人的後備讀者。對於中國的出版業來說，最大的優勢就是佔據著世界最廣闊的市場，所以它的發展前景比較樂觀。

但是，唯一的體制障礙會影響到投資者的權益，投資和經營起來都比較困難。我們原來體制中的重要一點就是意識形態，凡是跟意識形態沾邊的主體，都不能夠產業化，都不能作為企業。

比如說，在國內申請經營雜誌和報紙必須有掛靠單位，假如沒有一個主管單位，屬於私人辦刊，政府相關部門肯定不批覆刊號。別人怎麼投資呢？沒法宣傳和經營，等同於投資者沒有權益，那麼市場就有局限性，何談發展？

長遠看來，中國的新聞出版業改革肯定會成功。聽柳署長講有關政策已經趨於放開，當然，還沒有徹底放開，但已經有鬆動的跡象，這是值得欣慰的事情。

第十三章

創新需求召喚政策轉軌

一、傳統創新體系是個「閉循環」

朱敏：創新政策體系的轉軌趨勢，有著怎樣的歷史前奏與現實依據？又該如何推進並迎接這一轉向的到來？

張文魁：中國自主創新產品的市場轉化難題要解決，固然離不開企業通過自我提升以突破自身行銷瓶頸，但更為迫切的，則是尋求相關政策的配套和支持，破除其自身無法逾越的外部屏障。而要從根本上實現這一熱望，關鍵在於中國的創新政策要從整個體系上進行轉軌，轉向以市場需求鼓勵企業和整個國家自主創新的模式，讓企業真正成為創新主體，有效激發其創新活力，使創新成為一股催生和創造財富的重要力量。

首先，國家重視科技這麼多年了，中國創新資源這麼多，中國人又這麼聰明，中國自主創新為什麼老不行？究竟是什麼因素導致中國自主創新今天的滯後局面？我們一起來分析分析。

朱敏：這裏面有我們對知識產權重視不夠，以及科研與企業「兩張皮」的問題，還有就是國家投入資金不足。

張文魁：

你說的這些確實都在制約創新。不過，尤其是後面一點，還只是表象。

朱敏： 您認為還有什麼因素更為深層次地影響著中國的創新進程？

張文魁： 實際上我們突然發現，有一個更重要的問題：中國的創新體系和創新政策，是與傳統的計劃經濟體制聯繫在一起的，打上了很強的計劃經濟烙印，與市場經濟的需求不是很符合。中國改革開放近三十年，改革最慢的部門是什麼？科教文衛，首當其衝的就是科研。

在「兩彈一星」背景下，中國建立起了一個國家創新體系，我們把它叫作「創新供給促進政策」。這種體系主要表現為產業發展政策和科技計畫，如《汽車產業發展政策》、國家科技攻關計畫、科技產業化環境建設計畫等，旨在鼓勵企業、科研院所、高校開展科學研究和技術創新活動，研製開發相關產品……在一定程度上還是促進了技術的，但存在很大局限性。國家的創新資源都投向了科研單位和國有企業，而且那些供給不需要市場需求拉動，像「兩彈一星」，造出來放在那裏，更不用考慮買家了。

朱敏： 那是一種更為特殊的政府採購了。

張文魁： 即使是採購，像軍用品都是軍方直接訂購直接付款，沒有形成一個真正的市場需求。這樣就導致我們過去的創新體系是個「閉循環」。

朱敏：一個封閉的體系？

張文魁：對。這個「閉循環」就是，研發項目一直沿著「立項目－要資金－出成果－搞鑒定－評獎項－調職稱－立新項」的封閉路徑，無法與市場接軌，導致研發與市場「兩張皮」，浪費了大量的創新資源。創新項目具有強烈的鑒定和評獎導向，而不是市場和效益導向。許多研發成果獲獎一大堆，專利也不少，但能實現產業化的並不多。鑒定和評獎導向也顯著地增加了創新過程中的道德風險和腐敗行為，有很多連鑒定都是假的。前些年，上海交大微電子學院的「漢芯」項目弄虛作假、騙取國家上億研發資金，就是一個典型事例。

朱敏：這種立項和鑒定都缺乏科學性，與市場是脫節的。其實研發產品真正的前端應該在市場，首先考慮需求，再通過相應的政策來配套拉動。

張文魁：你說的對。僅僅組織企業和科研單位進行項目攻關，並不能保證攻關成果順利轉化為規模化生產的產品，更不能保證這些產品真正符合市場需求了。你說的這點，就要靠一種與「創新供給促進政策」相對的、更符合市場經濟內在要求的創新體系來實現，這就是「創新需求鼓勵政策」。最近我們一直在呼籲這個。

二、創新政策應轉向重視需求鼓勵

朱敏：「創新需求鼓勵政策」，具體是怎樣的一種政策模式？

張文魁：這種創新體系，主要是政府通過直接補貼、稅收優惠、價格優惠等措施鼓勵用戶購買創新產品，通過強制性標準和傾向性措施引導民眾使用創新產品，或者以政府採購的方式直接購買創新產品。畢竟，建立在技術研發基礎上的創新產品在投放市場之初，由於生產規模小、研發費用分攤大，甚至生產工藝還不太成熟，加上社會化的生產配套體系沒有形成，生產成本從而銷售價格往往比較高，需求受到抑制。同時，創新產品的性能可能還不為外界所熟悉，會導致使用意願低。

朱敏：創新藥就面臨市場接受度低的情況。

張文魁：醫藥行業，本身在整個市場效益的格局中就表現得低迷，有點「冠蓋滿京華，斯人獨憔悴」的意味。在這種不利情況下，需求鼓勵政策可以有效提升市場對恩必普這類創新產品的需求，有利於消除創新供給方對於市場需求的不確定感，有利於減少它的財務壓力，有利於創新供給方的合理競爭，從而刺激供給方的創新活動。

朱敏：國外的情況是怎樣的？

張文魁：在過去，發達國家曾經也以供給促進政策為主，如歐洲國家在航空航太領域、美國和日韓在微電子領域都組織和資助過大型的研發活動。但是，近十幾年來，國外越來越重視創新需求鼓勵政策，創新供給促進政策退居其次。國際上的研究表明，政府的需求鼓勵政策，往往比研發資金撥款等供給促進政策更能有效地帶動創新，促進創新走向「研發—生產—銷售—再研發」的良性循環。通過創新需求鼓勵，如稅收優惠、區別性價格、直接補貼、政府採購等政策，以及標準設定和傾向性措施，一些國家各自形成了具有創新優勢和國際競爭力的戰略性產業。像美國的國防工業、韓國的微電子工業、德國等歐盟國家的節能和環保產業處於世界領先水準，與需求鼓勵政策是分不開的。

朱敏：看來這樣的政策模式在國際上已是大勢所趨，中國目前有沒有邁出相應的步子？

張文魁：中國應該說已經開始引入創新需求鼓勵政策了。你看國務院頒佈的《實施〈國家中長期科學和技術發展規劃綱要〉的若干配套政策》就明確規定，要建立財政性資金採購自主創新產品制度。國家稅務總局也表示，將對混合動力汽車等產品實行一定的稅收優惠。但總體上看，中國創新需求鼓勵政策剛起步，與發達國家差距明顯。

值得注意的是，由於重供給促進、輕需求鼓勵的觀念由來已久，並直接影響到國家創新資金分配，已有的創新需求鼓勵政策能否真正落到實處，還要打一個很大的問號。

朱敏：

就是說，有了政策，還需要配套的鼓勵措施。

張文魁：

中國中長期科技發展規劃綱要已經確定了核心電子器件、新一代寬頻無線移動通信、大型飛機等十六個重大專項，目前已開始或準備實施。但從配套角度講，還應通過強制性標準、政府採購、直接補貼、稅收優惠等措施創造和擴大對相關產品的需求；同時要相應改革創新資金的分配體系。

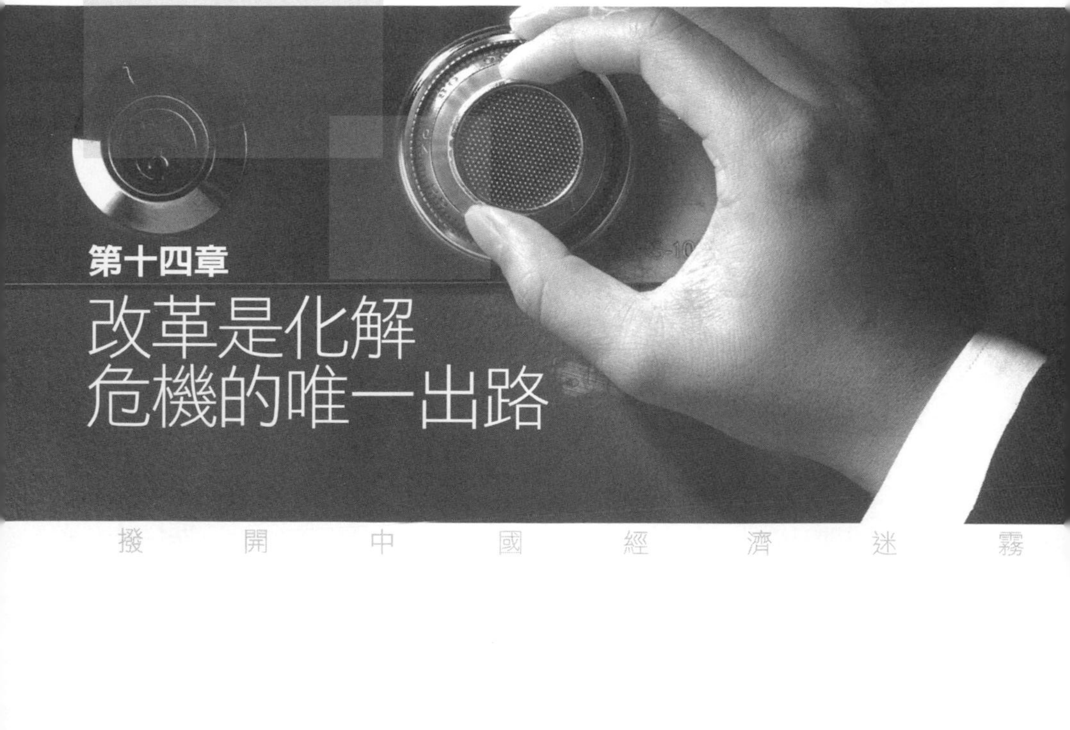

第十四章

改革是化解危機的唯一出路

一、內外泡沫同時破裂：危機背後的失衡

朱敏：

對當前危機形勢的正確認識，無疑是對症下藥的關鍵。但這往往有一個由淺入深的動態過程。作為研究宏觀經濟、金融以及危機管理的經濟學家，對這次危機的成因，您更側重於怎樣的判斷？

魏加寧：

關於當下危機的原因，目前有很多種判斷，我談點個人的看法。

咱們國研中心有一個企業家調查系統，二〇〇七年末在開會的時候，許多企業家表示自己稀里糊塗就賺了錢，我說這是經濟泡沫的典型特徵；二〇〇八年十一月又開會時，情況恰好相反，許多企業家反映，這一年，辛辛苦苦幹下來，不知道為什麼就沒錢賺，需求急劇萎縮，這是泡沫破裂的典型特徵。泡沫破裂時，從流動性過剩到流動性緊縮，幾乎是一夜之間的突變。

二〇〇八年的中國經濟之所以發生如此迅速的變化，原因在於兩個泡沫同時破裂：一個是外部經濟泡沫，首先是美國房地產泡沫開始破裂，引爆了美國的金融泡沫破裂，導致金融危機之後，又引發了歐洲的房地產泡沫破裂……另一個是國內泡沫的破裂，其實最早破裂的是普洱茶，二〇〇七年六月普洱茶突然價格暴跌。接著股市價格暴跌，然後是房地產價格開始鬆動。國內、國外兩個泡沫「碰頭」，導致需求急劇萎縮，尤其是九月份之後，令很多人措手不及。這是經濟泡沫破裂的一個典型症狀。

朱敏：

「泡沫」畢竟還只是一種現象，兩個泡沫同時破裂的背後，本質是什麼？經濟形勢急轉直下，應當採取何種對策方能標本兼治？

魏加寧：

這次金融危機的背景裏面，有著更深層次的原因。前不久，吳敬璉老師在北京國際金融論壇上就把更深層的原因說得很清楚：美國是高消費／低儲蓄而出現的泡沫，中國則是高儲蓄／低消費、用大量出口來支撐美國的高消費。這樣一個失衡的狀態，最終導致兩個泡沫同時破裂，使得當前經濟形勢劇變。

關於對策，國內目前存在著兩種意見。一派意見主張調整，認為中國經濟深層次的問題就是結構失衡，包括內外結構失衡，投資與消費的結構失衡，產業結構失衡，地區結構失衡。這就需要調整結構。而以往經濟增長很快的時候，根本調不動，只有經濟走下坡路的時候，才有這種調整的壓力和動力。

另一派意見主張擴大內需。主要是擔心調整過度，導致經濟增長速度下滑太快，憂慮「剎車容易，啟動難」。

我是第三種意見，主張一手抓結構調整，一手抓擴大內需。但是，無論是結構調整還是擴大內需，都需要依靠改革。

二、路徑依賴：要素價格扭曲的高速增長

朱敏：

從結構調整來說，作為解決中國經濟深層次矛盾的關鍵所在，究竟是哪些因素決定著我們的經濟必須進行結構性的轉變和調整？

魏加寧：

總的來說，有四個因素決定著我們必須調整結構。

先看長期因素。中國改革開放三十年的發展模式，主要是依靠要素價格扭曲實現的高速增長。首先，土地價格人為地被地方政府壓低了；然後，勞動力被外資企業和民營企業壓低了；接著，資金的價格被中央銀行壓低了；最後，資源的價格被中央政府壓低了，即價格管制。環境的價格實際上也被壓低了，因為環保力度不夠。

但是，目前所有這些要素價格都在發生變化。土地如果真正流轉起來的話，價格應該是上升的；勞動力價格，隨著人口老齡化也會逐步上升；資金的價格隨著利率市場化和人民幣升值，也將逐步上升；資源價格也會上升，將會徵收資源稅；此外，隨著環保力度的加強，環境的價格也會上升。當這些要素價格都在上升時，依靠要素價格扭曲實現的快速發展模式，依靠隱性優惠政策的發展模式，就會難以為繼。

朱敏：

我們一度引以為傲的「中國優勢」，或者叫「中國競爭力」，首先靠的就是這種大量的隱性的優惠政策。靠政府的要素補貼，補貼到出口環節，實際補貼給了外國的消費者。

魏加寧：對，現在這種模式已經走到盡頭，需要進行一個調整。所以從長期來看，有一個調整的要求或壓力。

再有一個因素就是週期的壓力。就是從經濟週期來看，改革開放三十年來，每一次經濟過熱之後國家都有一次整頓和調整。而這一次，從二〇〇三年開始有些經濟學家就提出過熱的問題，但是真正的調整實際上是從二〇〇七年物價上漲以後才開始的。本來應是逆週期調整，因為姍姍來遲，最終變成了順週期調整。這也是二〇〇八年九月以來經濟增長大幅下滑的一個重要原因。

第三個因素就是來自外部的壓力。美國的泡沫破裂，金融危機後導致需求萎縮，外部的萎縮影響到中國的出口，從而迫使中國經濟要進行調整。

第四個因素就是國內泡沫的破裂。從短期來看，國內的泡沫破裂也構成了調整的壓力。

在這種形勢下，抓擴大內需，目的是要緩衝調整的衝擊力，否則，衝擊力太大，調整過度，就可能很長時間上不來。

三、調整結構和擴大內需都必須依靠改革

朱敏：

您講的這些因素和壓力，共同決定著中國必須下定決心進行經濟結構的調整，才能減少潛在的危機或從危機中走出。那麼不管是說中長期的結構調整，還是近期的擴大內需，它們有沒有共同依靠的力量？

魏加寧：

在這裏，我需要就此強調一點，就中國經濟當前情況下，無論是調整結構還是擴大內需，都必須依靠改革。

現在很多人認為靠擴大內需就能解決問題，但我認為一定要正確、全面地吸取一九九八年抵禦亞洲金融危機時的經驗教訓。一九九七年亞洲金融危機使得國內經濟增長幅度出現下滑，一九九八年啟動擴大內需政策，但實際上從一九九九年開始，中央政府的重點就轉移到改革方面了。

當時的改革，一是中央作出了關於國有企業改革的重要決定，當時的國家經貿委還提出了國有企業「三年脫困」的目標。二是促進民營企業的發展，賦予民營企業以外貿出口權（此前民營企業產品都須賣給國有貿易公司，然後才能出口）；國家經貿委還成立了中小企業司，促進中小企業的發展。三是實行住房體制改革，停止福利分房，從而啟動了房地產市場。這一輪中國經濟起飛實際上房地產起了很大作用。四是國有商業銀行改革，當時成立了四家資產管理公司，剝離了一．四萬

億的不良資產，國有銀行的包袱解除。五是社會保障制度改革，成立了全國社保基金，最先從遼寧開始進行改革試點。

這樣，通過一系列的改革，加上一攬子刺激內需的政策，才帶動了中國經濟從二〇〇一年出現拐點，二〇〇三年以後連續五年實現百分之十以上的高速增長。所以我們一定要全面、正確的總結這段歷史經驗。

朱敏：能不能這樣說，當時的擴大內需有些「種瓜得豆」的意味？真正的內需並沒有拉動，而是扭向了一個出口拉動經濟的形勢？

魏加寧：可以說也有這一方面因素，但更多的並非如此。比如住房改革、民營企業出口權等，帶來了意想不到的效果，所以這次改革確實起到了關鍵的作用。因此，我一再強調要在改革上面下足措施。

四、加快建立健全「兩張網」是萬全之策

朱敏：具體而言，今後的改革應該從哪些方面著手，才能達到綜合疏導的效果？

魏加寧：

應對金融危機衝擊，第一件要做的事，就是要加固金融安全網。金融安全網有三大支柱，首先是審慎監管的監管體系，即銀監會；其次是擁有最後貸款人功能的中央銀行，即人民銀行；還有就是保護中小存款人利益、防範系統性風險的存款保險機構，現在中國還沒有。你看這次美國金融危機爆發後，立即把存款保險從二十萬美元提高到二十五萬美元，加固存款保險制度；然後是德國，實行全額保險；澳大利亞也宣佈在三年之內實行全額保險；科威特也對存款進行擔保。大家紛紛這樣做，而我國到現在沒有建立存款保險制度。所以，這是中國金融安全網的一個很大的漏洞。

第二件事，是要加強社會安全網的建設，也就是社會保障。因為要調整，就會有部分企業倒閉，有倒閉就會有失業。

朱敏：

據反映，廣州火車站現在就已經有點像「春運」了。

魏加寧：

那麼多失業民工提前返鄉就產生了一個問題，即社會保險、養老保險都帶不走，社保沒有全國聯網，它不能跨省漫遊，這是亟待解決的大問題。民工退保，只能退自己交的那部分，企業交的部分帶不走。

朱敏：

社保遲遲沒有全國聯網，原因在哪裏？

魏加寧：

這涉及到統籌地方之間、尤其是富裕區域和落後區域的利益平衡問題。像富裕的廣東省，省內之間的發展都不平衡，社保水準也不一樣，更不用說省際之間的問題。富裕地區不願背起外來人員的窮包袱，貧窮地區也沒有能力解決那麼多人的保障問題。

所以說，與其把錢砸到項目裏，鋪路架橋，還不如加強社會安全網建設。基礎建設還是不能最終解決問題，因為獲益的是國有大型企業，而民營中小企業很難分到一杯羹。失業人員生活沒有保障，沒有吃，沒有住，就會產生許多社會問題，帶來諸多不穩定。

現在的情況是，危機一來地方政府首先先救企業，這是不對的。市場條件下，企業生死都是市場決定的，政府去救企業，企業就沒有了效率，更會產生很大的依賴性和道德風險。

朱敏：

這是典型的計劃經濟思維，保一時不保長久，解決不了企業的發展問題。

魏加寧：

企業經營不符合市場規律就會倒閉，關鍵還要看有多少企業新生。而政府要解決的是企業破產後，失業的工人要有飯吃，要有社會保障，他就不會影響社會穩定。所以當務之急是加固社會安全網，中央政府要加大投入。政府資金投在這兒，才真正是解決民生問題。

所以第三件事，就是要扶持中小企業，建立一整套的為中小企業服務的金融服務體系。包括，政府首先建立為中小企業服務的政策性銀行，中國至今沒有一家。然後是成立小額貸款公司，把地下錢莊「暗翻明」，使之規範化，變成民營的中小銀行。成立擔保公司、互助合作社等等，可以探討多樣化的金融服務模式，來扶持中小企業的發展。

五、財稅政策要有效，必須突破制度性障礙

朱敏：

當前經濟形勢之下，企業尤其是中小企業的減稅呼聲很高。對此您認為有沒有較好的改革舉措，紓解作為市場經濟細胞的企業、乃至於整個社會群體的眼下之困局？

魏加寧：

這就涉及到第四件事：財稅改革，即增值稅轉型。它一方面可以起到減稅的作用，另一方面可以鼓勵企業設備更新。現在中央正在做，估計要減稅一千二百億元，對此應該給予積極的評價。目前這種經濟環境下，減稅是一個首選的政策，它比增加支出更有意義和效率。這是學者們的共識。

除此之外，個人所得稅能不能以家庭為單位出現。其實國外就是這樣的政策，有兩方面好處：一可以減稅，有撫養人口就可以減少稅收，減輕家庭負擔；二可以減輕就業壓力，夫妻沒有必要兩個人都去工作，妻子可以在家照顧家庭。因為減稅的時候把撫養人口的部分剔除了，然後家庭賦稅的壓力大大減小。

第五件事，是理順資源價格，包括徵收燃油稅。像燃油稅問題已經爭論了十四年，這麼多年一直沒有推出，就是因為油價在不斷地上漲，擔心消費者承受不起，現在油價下來，推出正是時機。燃油稅也可以說是費改稅，可能把養路費、過橋費併到裏面，這樣的好處是鼓勵買車，但不鼓勵用車。以前只要買車開不開都要繳費，現在是不開就不用繳費，趨於合理。

第六件事，就是允許地方政府發債來推動地方財政制度改革。我有四項理由主張地方發債。

理由一，基礎設施建設一般是地方政府在落實，而用於建設的資金往往來源於上代人或上幾代人，基建項目的週期都比較長，數年建成之後，往往是下代人甚至下幾代人去享受，這樣就存在一種代際之間的不公平。所以，允許地方政府發債就可以解決代際之間的不公平問題，後人享用應該由後人去還債。

理由二，即使中央不允許地方政府發債，實際上許多地方政府依然擁有各種形式的隱形債務。這個隱形債務看不見，摸不著，無法計算，風險無法控制，無法管理。它和地下金融是同樣道理，所以我主張「暗翻明」……

朱敏：

確實有些地方政府存在資不抵債的情況，越是西部地區、越是貧窮地區，就越是負債多，從這個角度看，明著發債的確要比暗著發債強。

魏加寧：

對。關於地方發債，第三個理由，就是它比銀行貸款要有很多好處。現在基建項目都是靠銀行貸款，最近實施的「四萬億」投資，地方政府肯定會找上銀行，理由就是銀行必須貸款支持地方建設。中央有精神指明就是拉動內需，而銀行只能放貸，沒有擋箭牌，所以，地方用錢就不用擔心效益好壞，而銀行的風險就加大。

如果發債，可以有四個約束環節：首先，地方發債必須要經過當地人大審批，各國都是如此。其次，中央政府把關，可以把不符合要求的項目先行擋下。第三，就是信用評級機構的作用。第四道約束機制是投資者，包括商業銀行，可以自主決策，有利可圖就買，認為風險過大就可以不買。這種約束是市場化的，投資者擁有完全的主動權。

朱敏：

這種債券是全國互通性的，還是只能買本地的？

魏加寧：

沒有限制。但一般當地老百姓更了解當地的狀況，比如，北京修地鐵，北京的老百姓容易知道效益如何，當地的媒體對項目更清楚。如果搞成形象工程之類的項目，當地的百姓肯定不會買單。所以，地方發債對項目的約束更強，比銀行貸款的風險更小一些。

第四個理由，就是地方發債比國債項目更注意效益。國債項目都是國家發改委批准，地方報項目的時候，沒有效益的項目也要上，畢竟可以拉動當時的GDP。一般都是先把錢要到手再說，項目建成以後實際的效益如何，地方政府不關心，中央部門也不關心。

我們在地方調研時發現過這種問題，國債項目建完之後就荒廢起來。因此一九九八年以來的國債項目很值得去考察。

朱敏：

說白了，以後地方項目建設不能再都找中央政府買單，應該誰享用誰付費。

魏加寧：

沒錯。

六、以理性的思維看待當前的危機

朱敏：眼下這場危機的傳導之快、影響範圍之大前所未有，從美國次貸危機到金融危機再到全球性的經濟危機，它究竟還會持續多久？

魏加寧：目前，國內外對這次經濟危機的持續時間有三種看法：一是V字型，即一兩年之內見底反彈，短期內可以很快復甦；二是U字型，即三到五年的時間，有個調整期；三是L型，即調整時間很長，可能十年或更漫長……這種可能性是存在的，當年日本就是典型的例子。我們曾經一再提醒要注意泡沫經濟的危險性，是因為泡沫經濟只有破滅之後才能知道有多危險。

朱敏：泡沫是相似的，但中國的社會結構和日本不盡一致，可能中國的情況比日本更複雜、風險更大？

魏加寧：對。就像剛才所說的「兩張網」，日本當年有存款保險制度，所以調整了一下就穩住了危機；再一方面，十年經濟不景氣，工人失業，但有社會安全網健全，所以日本沒有出現社會動盪。因此，政府當務之急是把安全網建立起來，而不是光搞項目投資。

朱敏：形勢不可謂沒有看準，恐怕還是認為建安全網不能解決眼前之需，立項更能穩住現狀，以保短時不出大問題。

魏加寧：關鍵是思路，還是捨得不捨得的問題。搞項目多少資金都捨得，但建安全網這種看不見的工程就不捨得投錢了，因為不體現政績。現在，回頭看看朱鎔基總理當年社保方面所做的改革是高瞻遠矚的，只是後續政策沒有繼續推進。

七、當務之急不是「抄底」「挖坑」，而是「築堤」

朱敏：在宏觀經濟的調控方面，我們是否存在一些認知或方式上的誤區？

魏加寧：在政策方面，我們還要有一個反思。理論上講，宏觀經濟過熱，要緊縮貨幣政策來抑制過熱，冷的時候應當用擴張的財政政策來啟動經濟。但現在發現一個悖論，熱的時候一緊縮貨幣，首先受到打擊的是民營企業、中小企業，冷的時候一上項目，往往收益的首先是國有企業、大型企業。長期這樣下去，經濟實體會分化，大的國企越來越好，民營中小企業越來越困難。

這種悖論的產生，還是由於調控方式有問題。我們緊縮貨幣的時候是靠貸款規模控制，不是靠利率，因此首先控制住了對中小企業的貸款；如果是用利率手段的話，看起來是一刀切，但是有效益的項目，不管大小企業都可以貸款。

朱敏：

對出口退稅和人民幣升值應當怎麼看？

魏加寧：

有兩個問題要看到。一個是此次美國及全球經濟下滑，是需求沒有了，而非價格的問題。不像亞洲金融危機，當時需求還在，美國經濟正強盛，別國在貶值，我們不貶就出現價格競爭的問題。再一個是中國長期的發展方式要轉變，繼續靠出口補貼、人民幣匯率低估，等於把福利補貼給了外國的消費者。所以現在又回頭撿起出口政策和匯率政策，用過去的辦法來應對危機，可能是有問題的。有專家講，與其補貼給出口企業，為什麼不補貼給農民呢。農民有了收入就可以擴大內需啊。我們總是提要轉變發展方式，但真正到應急的時候，就把它扔到一邊了。

我認為，金融海嘯來的時候，當務之急不是「出海抄底」（收購），也不是內部「挖坑蓄水」（擴大內需），來不及了。重要的是「築防波堤」，築金融安全網、建社會安全網，先保住自己安全是首要問題。

朱敏：

這個對海嘯的比喻很貼切。當前中國處於對外貿易和地產消費的低迷期，嘗試以巨額固定資產投資的方式刺激內需，或可保一時的GDP，然而，假如美國經濟未來兩三年遲遲走不出衰退陰影，中國經濟的支撐點會在哪裏？

魏加寧：

這是最令人擔心的。現在國庫還算殷實，一旦大規模的資金投入，沒能產生良好的效應，到時錢也花完了，那會是非常可怕的。

因此，不能不提的是壟斷部門的改革問題，尤其是鐵路的改革問題。「四萬億」很大程度上將投入鐵路，問題是鐵路體制最落後，政企合一，它帶動不了民間資本。所以要依靠改革，帶動民間資本，政府就可以投入很少的錢解決很大的問題。

第十五章

勞動密集型製造業的中國軌跡

一、站在危機門口的中國經濟

朱敏：

繼全球第一大經濟體的美國在毫無預料地率先跨進這場危機的門口之後，其他大的經濟體分別步了後塵，迄今為止入門後的各經濟體仍未找到出口。儘管中國經濟有幸止步於入口處，但其所受的衝擊絕對不容輕視。反思、引以為戒、防範於未然是所有在這扇經濟魔鬼大門內外經濟體都應該做足的功課。

黃桂田：

對。這場危機對中國經濟的衝擊是全面性的，相對而言，外向型經濟層面顯得更為突出。資本結構以外資（包括港澳臺）為主、產業類型以勞動密集型為主、外貿結構以加工貿易為主的「東莞模式」，既是長江三角洲、珠江三角洲經濟類型的代表，也是中國對外開放形式的宿影。如何看待以「東莞模式」為代表的外向型產業的發展前景，是否應該或如何進行產業升級？面對「危」是否存在「機」，是最近廣泛關注的命題。可以肯定的是，不管是哪種經濟模式，只有不斷地創新升級，才有持續的生命力。「東莞模式」是否面對歷次危機的衝擊實現了升級？經歷過這場危機衝擊後的「東莞模式」是否更有旺盛的生命力？

朱敏：

此次危機再次警示中國經濟，在進一步擴大對外開放，尤其是提高對外開放質量的同時，要著眼於提高內需。如何提升內需?癥結何在?

黃桂田:

這也是近年來的熱點話題。經過對當下處在危機大門內的經濟體政策走向的預測,斷定中國的外需市場無法重複過去十多年的榮景,提升內需是中國未來經濟發展的必由之路。而內需不足的癥結在於,中國龐大的農村勞動力未能實現充分就業,可支配收入的偏低嚴重制約了消費需求,而昂貴的城市化和滯後的服務業是問題的關鍵。降低城市化成本,大力發展服務業的政策建議是否良方?

需轉變原有的非均衡戰略,注重區域公平、城鄉公平和代際公平,全民帕累托改進的關鍵在農村。兩者看起來相向,內在的含義幾乎無差異,這就是改善民生尤其是農村的民生,擴大內需。

站在此次危機的門口,需要反思、引以為戒、防範於未然的不僅僅如此,儘管有的媒體甚至學者將此次危機定位為其涉及的範圍和導致的負面效應是前所未有,但此次畢竟只是屬於經濟運行中的一次經濟波動,儘管是全球性的,除中國以外的大經濟體都深陷其中,但真正屬於前所未有的是距離今天並不太遙遠的能源危機和環境危機的爆發。

全球經濟正在不斷趨近這個雙重的真正屬於災難性危機的門口。能源革命是否成功,決定著這樣的危機是否真正被引爆。可以肯定的是,此類危機一旦被引爆,沒有任何一個經濟體能獨善其身、倖免於難。在新能源開發及其節能減排方面中國當然應該承擔責任並且已經付諸行動,但問題並不像人們企盼的那樣簡單。

每次危機都會引起國家間經濟格局程度不等的變化。那麼,經過這場危機的洗禮,國際經濟格局是否會或者可能會發生什麼樣的變化呢？中國將處在什麼樣的位置？站在危機的門口，面對的不僅僅是危險，更可能是難得的機遇。

二、勞動密集型產業標準再甄別

朱敏：

我們知道，按生產要素相對密集程度進行產業分類是目前相關研究的重要方式，對此，經濟學界應該說也取得過一些進展。那麼您現在又重申這一命題，是基於怎樣的考慮呢？

黃桂田：

與其他產業分類方法相比，按生產要素相對密集程度進行產業分類面對諸如指標選擇、資料獲取和處理、計量技術選擇、劃分標準的確定等系列難題，儘管如此，國內為數不多的學者仍然進行了令人尊重的探索。但這些成果也存在諸多問題：

首先，資料選擇的主觀任意性。現有研究大多使用的是上世紀八〇年代某年的年度資料，而且都存在年度選擇的任意性，但實際上用一年的資料作為分類依據並不具有一般性。

其次，指標選擇的主觀任意性。指標選擇是分類是否具有科學性的關鍵，但已有的研究將要素投入指標、要素使用效率指標和產出指標不加區分地混用，不僅使分類的結果不具有科學性，甚至歪曲了有關行業的規定性。例如，將勞動生產率、職工學歷和科研人員占職工人數比重作為指標，在指標上就將勞動密集型產業看作是低勞動生產率、低職工素質的產業部門。實際的情況是，勞動密集型產業不一定是低勞動生產率、低職工素質的行業。

再次，計量技術和劃分標準的主觀任意性。「isodata 模糊聚類法」是迄今為止將主觀任意性控制在最低程度的也是相對科學的分類方法，但遺憾的是，分類中僅僅以一年的資料（尤其是改革開放初期的年度資料）進行模糊聚類，儘管歸類方法上使主觀任意性得到了盡可能的控制，但資料的選擇則具有極強的主觀任意性，導致結果不具有實際意義，更難反應產業間的變動趨勢。

總體上看，相關研究不僅薄弱，而且僅有的研究存在程度不等的缺陷，主觀任意性是共同存在的問題。

朱敏：

以您的研究來評判，究竟什麼才是「勞動密集型製造業」？應該用哪些指標甄別勞動密集型製造業？

黃桂田：

現有的相關研究採用「三分法」和「二分法」。我們認為，受現有指標和可得的統計資料的嚴重制約，很難將技術密集型產業獨立分離出來，技術因素涵蓋在勞動要素和資本要素之中。所以，在現有的條件下，可行的相對科學的做法是在通過嚴格選擇相應的指標和能得到的可信的資料將勞動密集型產業分離出來，我們的方法可以叫做「篩選法」或「抽取法」，從製造業中將勞動密集型製造業篩選或抽取出來，剩餘部分稱之為「非勞動密集型製造業」。

所謂「勞動密集型產業」或「勞動相對密集型產業」是指在各種生產要素中，勞動要素投入比例相對高的產業。定義或把握該種產業的屬性，必須注意以下幾點規定性：

首先，僅僅從要素投入的角度而不能從產出或效率的角度進行定義，才能真正體現這種產業分類方法的意義和所要達到的目的，也是與其他產業分類法如三次產業分類法、農輕重分類法、國際或國家標準分類法等在功能上有實質性差異的體現。否則會造成混亂和對該產業的歧視和偏見。

其次，相對性特徵，或者說劃分標準的相對性。將勞動要素投入比例相對高的產業定義為勞動密集型或勞動相對密集型產業，不能簡單地理解為要素間存在某種固定的比例，或者以某一人為設定的比例作為產業劃分的標準。

朱敏：

您上面談到，因為分類方法的問題，容易造成對該勞動密集型產業的歧視和偏見。實際上目前不少人將勞動密集型產業視同於低效率、低附加值的產業。這種理解存在哪些誤區？

黃桂田：

從要素投入的角度，按生產要素的相對集約度或生產要素間的相對比重作為標準將一個經濟體所有的產業部門歸類為勞動密集型、資本密集型和技術密集型等，或者在所有的產業部門中將勞動相對密集型產業分離出來，出發點是為了觀察和分析不同的產業部門在經濟發展的一定階段對不同生產要素的依賴程度，或者在經濟發展不同階段要素間的相互替代情況，以便制定相關的產業政策。

有的研究文獻不經嚴格的定義和計量分析，將勞動密集型產業很隨意地視作是勞動生產率或全要素生產率偏低、產品附加值低的產業部門，或者將其視為初級發展階段的初級產業部門，有的在劃分要素密集型產業時使用勞動生產率、資本收益率等產出或效率指標，實際上使用了多重的相互矛盾的魚龍混雜的劃分標準。

事實上，勞動密集型產業不一定屬於低效率、低附加值的產業，否則，不能解釋按三次產業分類法所揭示的「配第—克拉克定理」——經濟結構隨經濟發展水準的演變，勞動力從第一產業向第二產業轉移，達到一定水準後大規模向第三產業轉移，三次產業的產值比重也相應發生類似的變化。當前發達經濟體第三產業即服務業大部分屬於勞動密集型產業，也是屬於高效率、高附加值的產業，不然，發達經濟體怎麼能夠容許經濟結構發生這樣的演進？

朱敏：對啊。那您說的「產業劃分標準相對性特徵」又具體體現在哪些方面？

黃桂田：具體表現在五個方面：第一，在現有的統計資料中，難以找到設定絕對比例的指標。因為度量不同生產要素的計量單位是不統一的，例如計量勞動要素的單位有勞動者人數、勞動時間等，而計量資本的單位有實物單位（件、個、重量單位、體積單位等）、價值形態的貨幣單位等。因而，用以劃分產業類型的指標本身是相對的，例如人均固定資產比例——勞動要素的單位是勞動者人數，而固定資產的衡量單位是貨幣單位。第二，產業內各種生產要素的比重本身是一個相對概念。第三，一定階段不同產業在要素使用差異上的相對性。第四，不同經濟發展階段的同一產業要素使用比例的相對差異性。第五，同一產業在不同國家在要素使用比例的相對差異性。

朱敏：如果要重新定義勞動密集型製造業，甄別指標分別是什麼？

黃桂田：根據以上定義和勞動相對密集型產業的屬性，僅僅應該選擇反映勞動要素投入比例相對高「投入指標」作為甄別指標。因此，我們選擇的投入指標分別是：人均固定資產（固定資產淨值／從業人員年末人數）、工資在總成本中的比重（工資總額／總成本）。

前者之所以選擇人均固定資產而不選擇人均總資產，是因為在流動資產中，不僅包括了工人工資，而且與勞動相互替代的不是流動資產，而是固定資產。更進一步，如果從會計的角度細分，流動資產包括貨幣資金、短期投資、應收票據、應收股息、應收賬款、其他應收款、存貨、待攤費用、一年內到期的長期債權投資、其他流動資金等等，大多與勞動和資本的直接對應關係不直接相關。從固定資產重置角度，選擇固定資產淨值比固定資產原值更貼切，因為若按照固定資產原值計算，是對固定資產的高估。

後者則是從成本的角度，反映勞動成本在總成本中的比重。比如，A和B都是很明顯的投入指標，從不同角度描述投入的勞動力與資本的比重。為檢驗兩者的相關性，我們選擇了一九九三年至二〇〇七年十五年的二十八個製造業子行業資料，檢驗了投入指標和一部分產出指標，兩者間的相似度達到〇．六三八八，說明二者能夠反映同一問題。從考察的角度，指標B是一個流量指標而指標A是存量指標。指標B中的資本是進入了產品成本中的那一部分資本，這是從另一個角度來反映要素的密集程度。這兩種不同角度和口徑都反映了資本和勞動的相對密集程度，是趨勢相同但又存在一定區別的指標組。

與此同時，我們還檢驗了已有研究選擇的其他指標，發現其他指標與A和B，或者不相關，或者負相關。例如，直覺上，勞動密集型產業由於固定資產所占比例相對低所以在資本周轉速度、能耗高低上有所反應，但將資本周轉率、能耗率等指標與A和B檢驗時，不是相關係數低，就是呈負相關。說明已有的研究不加分析地選擇其他眾多指標，導致了混亂，分類結果缺乏科學性。而我們的指標進行了嚴格的定性論證和實證檢驗。

三、轉軌背景下制度與技術的產業嬗變

朱敏：勞動密集型製造業在中國經歷了怎樣的變遷？

黃桂田：我們不妨以一九九三年作為觀察研究的起點。選擇這一年的原因有二：第一，從一九九三年開始，中國改革的總體目標確定為建立具有中國特色的社會主義市場經濟體制，以此作為起點，觀測在向市場經濟體制轉軌過程中勞動密集型製造業的演變狀況。第二，在一九九三年前後，中國啟動了減員增效、加強市場機制對勞動資源配置作用的力度，此前企業中普遍存在著冗員，按要素集約

度區分產業沒有實質性意義。

在一九九三～一九九七年這五年內，所有的行業都屬於勞動相對密集型產業。從一九九八年開始，石油加工及煉焦業、化學纖維製造業、造紙業、煙草製造、黑色金屬、有色金屬、化學原料及化學製品製造業等行業逐步轉化為非勞動密集型產業，到二〇〇七年，勞動密集型製造業下降到九個，非勞動密集型製造業上升到十九個。

我們可以從制度與技術兩個方面，解釋一九九三～二〇〇七年這十五年間製造業投入要素相對密集程度與變遷。

先從制度上考察。在傳統的計劃經濟體制和國有經濟占絕對比重的條件下，包括勞動要素在內的各種生產要素屬於非市場性配置，在「預算軟約束」下國有企業存在大量的冗員。隨著中國經濟體制改革的不斷進展，政府針對國有企業的冗員與虧損問題進行了一系列的改革。

朱敏：

在一九九八年之前，為什麼所有的製造業部門都屬於勞動相對密集型產業？

黃桂田：

一九九二年一月二十五日，國家勞動部、國務院生產辦、國家體改委、國家人事部和中華全國總工會聯合發出了《關於深化企業勞動人事、工資分配、社會保險制度改革的意見》。全國啟動了「破三鐵」活動（即打破「鐵飯碗」，推行全員勞動合同制；「打破鐵交椅」實行競爭上崗、能上能下；「打破鐵工資」試行崗位技能工資制），標示著企業人事制度全面改革的啟動。

一九九四年年底國家經濟貿易委員會同財政部、中國人民銀行等部門聯合推出「增資減債、分離分流、減員增效、破產兼併」的「優化資本結構」試點工作。從一九九五年起，先後在十八個城市（上海、天津、太原、瀋陽、長春、武漢、成都、青島、齊齊哈爾、唐山、常州、蚌埠、淄博、株洲、柳州、寶雞、哈爾濱、重慶）實行，之後陸續推廣至幾乎全國所有的工業城市，到一九九七年適用這項政策的城市達到一百一十一個，基本覆蓋了全國所有的中等以上城市。「優化資本結構」試點城市安排破產的企業達到一百五十家，其中五十一戶實現了破產終結，涉及負債四十八億元，職工六萬多人，一九九七年實行政策性破產關閉的國有企業達到六百七十五戶，被兼併的為一千零二十二戶，實現減員增效的七百八九十戶，共二千四百八十六戶，分流人員約一百六十九萬人。

「破三鐵」與「優化資本結構」的改革試圖解決國有企業冗員問題，但是由於配套改革措施跟不上，特別是社會保障制度的不健全，富餘人員撤下來了，卻得不到妥善的安置，結果仍被沉積在企業內，冗員問題依然沒有得到很好地解決。

朱敏：

石油化工、黑色金屬等行業在一九九八年之前屬於勞動相對密集型製造業，而一九九八年之後則相繼轉換為非勞動密集型製造業。這期間究竟發生了什麼，從而導致了這種轉變？

黃桂田：

一九九七年，黨的十五屆三中全會提出了國有企業改革攻堅和扭虧脫困的三年計畫。其中就包含了大規模實施職工下崗分流、減員增效的舉措。一九九八年，我國成立了勞動和社會保障部，集中解決下崗人員的安置問題。在此基礎上國有企業「下崗分流、減員增效」順利進行，三年脫困期間，實施兼併破產的一千七百一十八戶企業中，有五百多萬職工下崗，加上減員增效措施分離的職工，全國共有二千一百萬職工下崗，其中一千三百萬實現了再就業。國有企業職工從最高時的七千五百萬人減少到二〇〇三年底的四千四百萬，同期國有企業職工下崗分流累計達到二千八百一十八萬人。

期間，在對國有企業進行戰略性重組和股份制改造過程中，也啟動了「主輔分離」的改革。此項改革使得原屬製造業部門的輔業從製造業中分離出來，歸併到第三產業。

經過了國有企業「下崗分流、減員增效」等方面的改革，冗員分流，各製造業部門的就業人數也大幅度下降，這在很大程度上降低了投入要素中勞動的相對密集度。一九九八年比一九九七年的工業就業總人數減少了一千四百六十四萬人，並且從一九九八年開始逐年下降，直到二〇〇三年中國經濟進入新一輪的高速增長期時才逐步回升。以紡織業為例，一九九七年全行業的就業人數為五百九十六萬人，從一九九八年開始「壓錠、減員、調整、增效」的改革後，就業人數逐年持續下降，其中一九九八年的就業人數比一九九七年減少了二百多萬人，減幅達百分之三十四。

朱敏：

從經濟體的資源稟賦特徵來看，中國在勞動與資本方面，經歷了怎樣的變遷？

黃桂田：

在工業化進程中，隨著技術的不斷進步，一個經濟體的要素稟賦將不斷發生變化：資本相對逐漸充裕而勞動力逐漸稀缺，即人均資本佔有量將不斷提高。

作為一個發展中的國家，中國的資源稟賦特徵是勞動相對富餘而資本則相對稀缺。不過隨著工業化的不斷推進，資本的不斷積累，資本總量與人均資本佔有量都不斷提高。與此同時，隨技術進步，固定資本更新效應，使得人均固定資本裝備水準提高。一九九三～二〇〇七年期間，全社會固定資產投資平均增速為百分之二十一．四。

在固定資產投資高速增長的條件下，各製造業部門的固定資產總量與人均固定資產存量逐年提高。以石油加工及煉焦業為例，雖然其人均固定資產佔有量在所有的製造業部門中較大，但是在一九九三～一九九七年期間，加油業的人均固定資產佔有量的絕對量也不大，分別為六．四、七．〇、九．四、十．七和十二．七（億元／萬人），因此在一九九八年以前石油加工及煉焦業屬於勞動密集型產業。而對於人均固定資產佔有量相對較低的非金屬礦物製品業，隨著資本的不斷積累，人均資本佔有量不斷提高，二〇〇五～二〇〇七年其人均資本佔有量分別為十四．六、十六．六、十八．六（億元／萬人），因此從二〇〇五年開始非金屬礦物製品業進入了非勞動密集型產業的行列。

朱敏：

以上變化說明什麼問題？

黃桂田：

說明製造業所依賴的生產要素的變化，尤其是勞動力要素被資本和技術因素所依賴替代。另外，中國製造業在全球分工體系中的相對優勢（來自勞動力的比較優勢）是否會發生變化，對中國的就業格局會產生什麼樣的影響？中國的產業演進對經濟和社會發展引發什麼樣的效應？諸如此類的重大問題，有待理論和政策層面進行深化研究。

第十六章

G20格局下的能源金融博弈戰

一、能源金融的核心問題與博弈策略

朱敏：G20峰會在改善國際經濟新秩序，將動搖美元對全球金融的影響力，那麼，能源金融新秩序的謎題是否能被破解，以二〇〇九年的G20為例，「中國聲音」向世界證明了什麼？

韓忠亮：隨著G20國際金融的博弈，國際能源戰略也被帶入了G20能源金融時代。G20時代的「中國聲音」對國際金融新秩序的推動，必將改變原有的國際能源格局，而建立國際能源金融新秩序：美元對能源的影響力將逐漸減弱，會使原有的國際能源格局（能源生產國+代表需求方掌有能源定價權的美國）向多極化結構轉變。這也是破解國際能源金融新秩序謎題的根本之所在。此次G20「中國聲音」再一次證明了布達佩斯俱樂部主席拉茲洛所言：未來（中國的國際地位）不是被「預測」而是被「創造」的。

朱敏：您二〇〇六年就提出「石油金融風險預警」，二〇〇七年又準確預測「中國應謹防石油價格的瘋狂」。以您的觀察，我國能源金融戰略的關鍵問題是什麼？

韓忠亮：我認為當前能源金融戰略的核心，是如何基於能源金融安全，解決能源商品國際定價權問題和建設自己的石油期貨交易所。

能源關係經濟安全甚至是國家安全。對能源的掠奪，一直是霸權主義揮之不去的主題。美國不惜使用武力，來捍衛其石油利益——波灣戰爭、支持阿富汗塔利班對抗前蘇聯的入侵、斥資七億美元支持哥倫比亞政府，以及伊拉克戰爭等等，本質上都是石油戰爭。與金融危機一樣，石油價格波動引起的「油荒」同樣可能導致一國乃至全球的危機。究其原因，除戰爭外，石油價格的非正常波動皆因石油定價權的缺失所致。表面上看只是一個石油貿易問題，更深層次地探究，這更是一個石油金融問題，一個地地道道的金融掠奪問題。

事實上中國也在被掠奪當中，為什麼這樣說呢？因為我們在石油定價博弈這個關鍵問題上，沒有討價還價的話語權（資本），也就是談判砝碼。

朱敏：

在石油定價博弈中，討價還價的話語權是如何體現的？中國未來要解決話語權的問題，其核心啟動點在哪裏？

韓忠亮：

作為博弈論中的一個模型，討價還價通常是以分蛋糕為例來說明的，這也是經濟學家魯賓斯坦討價還價博弈理論的一個核心解釋。從歷史上看，對石油定價權的「討價還價」主要表現在兩方面：一是通過戰爭來瓜分世界石油這塊「蛋糕」（這是軍事強權的體現）；二是由於「超主權」公平的世界貨幣體系的缺失，導致以美元為主導進行結算的「巧取豪奪」（這是金融層面上「貨幣戰爭」的強權體現）。中國要想在討價還價中擁有話語權，必須不斷增加在石油定價權上的談判砝碼，規避美國（既是蛋糕的執刀分割者，又是具有分蛋糕先行選擇權的受益者）的非公平掠奪。

在對策選擇上，從國際角度出發，一是要實行「你操刀我先挑」原則，對石油美元進行國際監管；二是建立「超主權」貨幣進行石油貿易結算。從現實來看，這兩方面一時都很難實現。因而對中國來說，將來如果能用人民幣結算，增加談判砝碼這一參照變數，會是中國解決話語權的核心啟動點，也是石油定價權最本質的問題。

二、石油定價「談判砝碼」的中國座標

朱敏：

如果視談判砝碼為石油定價權的參照變數，應該從哪幾個方面去考慮？

韓忠亮：

石油定價權的談判砝碼可以從實象限與影象限來建立座標。實象限有決定意義，座標維度應該從三個方面考慮：一是最本質的，即人民幣的國際化問題；二是加強石油儲備；三是建立自己的石油期貨交易所。

影象限相對於實象限是弱指標，但具有警示和撼動效應。如G20倫敦金融峰會各國會前的口水之爭的熱身博弈，雖沒有實質性「盡快接受」原則的實現，但也會促使美元霸權「貼現」，特別是中

國央行行長周小川的《關於改革國際貨幣體系的思考》等「三枚炮彈」。周小川那三篇文章，在心理上，為掠奪性的美元霸權增加了「貼現因數」，讓中國有了足夠的耐心靜觀其變；在實踐上，我們提出的超主權貨幣路線圖也震撼著美國；在策略上，我們以增加談判砝碼為目標，力爭人民幣早日與「特別提款權（SDR）」對接。

朱敏：

您所談的「貼現因數」更像是與耐心有關的心理戰，這究竟會達到怎樣的效果？

韓忠亮：

說得非常對，這裏的「貼現因數」是討價還價博弈中的一個核心要素，是由參與博弈雙方的耐心程度所決定的。周小川的理想目標，就是通過創造一種超主權、並能保持幣值長期穩定的國際儲備貨幣，用以規避主權信用貨幣作為儲備貨幣的內在缺陷。其實無論是「擴大在IMF話語權」，還是創建超主權貨幣，「中國聲音」都意在長遠。既然要解決以美元為主導的國際貨幣非一時所急，中國就有足夠的耐心去研究、宣導和等待超主權貨幣；而美國則不然，它要對「中國聲音」加以重視並長期應對。這樣一來，不論在未來人民幣與「特別提款權（SDR）」的對接，還是石油定價權等問題上，中國處理這些國際事務與關係的談判砝碼都會隨之增加。所以說，這樣的聲音已觸及美國的底線，成為中國試圖建立超主權貨幣的信號。對此許多國家都做出了不同反應，比如英國經濟學家雜誌的文章說，如今的地緣政治是兩極事務，只有美國和中國夠得上分量，乃至於認為，在倫敦召開的不是G20會議而是G2峰會。中國受到了前所未有的關注，堪與奧運等量齊觀。

朱敏：

中國要在石油定價上擁有話語權，您認為最本質的問題在於人民幣國際化，那麼G20峰會的「中國聲音」對未來的石油定價權會有什麼影響？

韓忠亮：

石油定價權需要有強勢的人民幣支持，人民幣一旦成為國際貨幣，中國石油進出口業務可以用人民幣計價，使內貿與外貿無差異，從而規避自我承擔匯率波動和美元貶值的風險。石油價格的波動也是美元現象，無非是由於全球石油交易和結算的主要貨幣是美元，美元貶值，油價必然上漲。美國在爆發次貸危機後為保自身利益，過量發行美元，並在金融機構操縱下使石油價格達到歷史高點，在此期間，中國蒙受了巨大損失。如果人民幣國際化，在交易中就可以用人民幣結算。G20峰會的「中國聲音」將會推進人民幣成為「特別提款權」單位的一攬子成員。這既是重建世界貨幣新秩序的需要，也是重建世界石油金融新秩序的需要。

三、石油期貨交易所能夠規避風險

朱敏：

中國應該建立自己的石油期貨交易所，以提升在石油定價權上的談判砝碼。在信息不對稱的情況下，建立交易所的現實意義又在哪裏？

韓忠亮：

任何交易都是信息的交易。假定在信息完全的條件下，「地理位置不重要」的說法是可能成立的，但在實踐中，我們沒有辦法捕捉國外交易所的交易信息，在信息不對稱的情況下，都能同等使用國外的交易所進行公平交易是不可能實現的。更何況，中國無法進入倫敦、紐約市場，其信息也不能支援對石油價格的把握，加之國外對中國的片面了解、文化差異及政治因素的干擾，給對華貿易的真實度造成了很大的影響。過去中國企業的期貨交易基本都以遭受損失而告終，所以不是我們不願意參與期貨市場交易，而是「虧不起」啊。

基於國際風險控制考慮，中國建立自己的石油期貨交易所，為全球的石油定價提供與投機有別的一組參考係數，防範和阻擊石油價格的劇烈波動，是十分必要的。

朱敏：

建立自己的石油期貨交易所，是否存在資金不足的問題？結算風險是否也可能在同時加大？比如外匯風險。

韓忠亮：

不必擔心資金不足的問題。全球性的期貨交易，只要實行公開、公平的市場交易，就會吸引更多的交易群體。中國的石油產量和用量總和位居世界前列，可以在期貨中融入相當比例的資金。適當時還可以放開金融機構和符合條件的境外資金入場，這些都是資金的最好來源。事實上，建立交易所的關鍵問題，不是資金來源，而在於對未來的審慎監管上。

確實有學者害怕結算風險的問題，主要擔心中國貨幣體系不完善會自擔損失。其實大可不必擔心。我們都清楚，以美元為主導的世界多元貨幣體系仍要持續相當長的時間，我們到紐約市場交易當然得用美元結算，一旦出現外匯風險，必然要由中國的交易者自己承擔；但是，中國一旦建立了自己的期貨交易所，情況就會不同，那時即便用美元結算，由於我們信息充分，也有利於風險的規避。實際上，既然是在中國境內交易，當然可以用人民幣來結算。同樣，國外的交易者到中國的期貨交易所交易，外匯風險顯然由他們自己承擔，也就自然而然轉嫁出去了。

因此說，石油期貨交易所是石油價格話語權的載體。建立自己的石油期貨交易所，石油期貨合約以人民幣結算，能夠提升中國對石油價格的話語權，增加對石油定價權的談判砝碼。

四、美國石油儲備與價格操縱的「掠奪」

朱敏：

令人不解的是，早在二〇〇七年下半年次貸危機就已經開始，為什麼直到二〇〇八年國際石油價格還在飆升呢？這裏存在怎樣的利益博弈或金融風險問題？

韓忠亮：

沒錯，美國次貸危機二〇〇七年下半年就開始了，按說石油價格理應下跌，但由於美元貶值，國際油價延續了二〇〇七年開始的快速上漲態勢，不斷刷新歷史紀錄，二〇〇八年七月十一日WTI

（紐約輕質原油期貨價）創下了一四七．二七美元的盤中新高，比二〇〇七年年初的最低價上漲了百分之二百八十四。而美國原油生產量卻毫無原因地下降。無論從供求關係、成本理論，還是世界經濟增長對能源剛性需求預期等因素來看，都無法解釋油價短期急劇波動的緣由。

在傳統經濟學難以破譯的情況下，我的觀點是，油價飆升和狂跌，已經完全成了一個獨立的金融問題，也就是「被操縱的工具」。在《石油戰爭》一書中，作者恩道爾尖銳地指出，「美國那些著名的投資銀行在這輪行情中扮演了最重要的角色，高盛、花旗、摩根史坦利、摩根大通是石油期貨交易的四大玩家，正是他們在原油期貨市場上翻手為雲，覆手為雨，掀起了一浪又一浪的油價上漲。」美元貶值、油價飆升，這是美國核心利益的現實選擇，也是與美國政府形成了某種「利益共識」的國際資本對石油價格大肆炒作的結果。因此，中國作為石油進口和消費大國，應該建立自己的石油期貨交易所，為全球石油價格提供一組可供參考的交易資料，同時使中國在石油定價上的話語權得以提升。

朱敏：

在上述利益博弈中，美國是通過怎樣的路徑獲利呢，博弈結果的本質特徵是什麼？

韓忠亮：

其本質特徵就是兩個字：掠奪。按人們的正常思維，高油價最大的獲利方，毋庸置疑是石油產出國，但事實並非如此。以世界最大的石油出口國沙烏地阿拉伯為例，沙烏地阿拉伯二〇〇八年六月原油日均產量大約在九百七十萬桶，而美國同期的石油戰略儲備和商企石油儲備大約是二十一億桶，假定國際原油價格一天上漲按一美元計算，沙烏地阿拉伯一天獲利增加額是九七〇萬美元，但美國一天坐享獲利增加額就是二十一億美元，遠遠地超出了石油生產輸出國的收益。其中，沙烏地阿拉伯每天完全售出或消費，不構成存量，而美國的石油儲備則是完全意義上的存量概念。可以看出，美國是油價上漲的最大受益國。照此比例一天天下去，在石油價格狂漲百分之二百八十四的那段時間，美國獲利的數目不可想像。毫不誇張地說，本次石油價格狂飆結果的本質，就是美國在國際金融巨頭的操縱和直接參與下，向全球開展的一次石油金融的掠奪，美國就是這次石油危機的始作俑者。

五、築就能源安全的「最後一道防線」

朱敏：

中國作為世界石油進口與消費大國，在未來國際石油爭奪的博弈中，中國會遇到怎樣的困境？

韓忠亮：

日益增加的石油進口和消費需求，會給中國能源安全帶來很大的問題。自二千年起，中國的石油消費增長就佔據世界石油增量的百分之四十。有專家預測，到了二〇二〇年，中國百分之七十的石油消費將依賴進口。從長期來看，中國石油消費有超過美國的態勢，這樣一來，中美之間就會不可避免地遭遇能源爭奪戰，這是中國未來難免遇到的困境。相比中國，美國優勢極為明顯，僅戰略石油儲備就有六・九一億桶，布希政府於二〇〇七年宣佈，到二〇二七年前將國家戰略石油儲備量提高到十五億桶，此外，美國在阿拉斯加、墨西哥灣等地都留有儲量豐富、尚未開採的「石油資源儲備」。雄厚的戰略石油儲備，對石油輸出國形成了巨大的威懾，這是美國除主權國際貨幣美元因素以外，對世界石油定價權的又一個強有力的談判砝碼。

朱敏：

面對如此嚴峻的國際環境，在保障能源安全方面，您認為中國應採取哪些對策？

韓忠亮：

我認為，面對嚴峻的石油戰略環境，除前面提到的應該建立自己的石油期貨交易所外，中國還要有四個方面的考慮：一是從根本上減少對石油的消費，解決內耗問題，這是內部因素；二是從金融的角度考慮，中國在與其他國家石油交易的過程中，要逐步尋求「一攬子」捆綁的「非美元化」；三是要及早研究大容量石油儲備和未開採資源儲備問題，以增強中國對國際石油市場的干預能力，也是增加談判砝碼的手段，這是能源安全保障的基礎；第四是法律保障，就是要加強對能源政策和儲備立法，這是十分重要的。

完善的戰略石油儲備體系，會提高中國保障石油安全的能力，也是保障中國能源安全的「最後一道防線」。

撥開中國經濟迷霧／朱敏著. -- 一版.-- 臺北市：
大地, 2010.10
面：　公分. --（大地叢書：33）

ISBN 978-986-6451-21-8（平裝）
1. 經濟發展　2. 經濟改革　3. 中國

552.2　　　　99018814

撥開中國經濟迷霧

大地叢書 033

作　　者：朱敏
發 行 人：吳錫清
創 辦 人：姚宜瑛
主　　編：陳玟玟
出 版 者：大地出版社
社　　址：114台北市內湖區瑞光路358巷38弄36號4樓之2
劃撥帳號：50031946（戶名　大地出版社有限公司）
電　　話：02-26277749
傳　　真：02-26270895
E-mail：vastplai@ms45.hinet.net
網　　址：www.vasplain.com.tw
美術設計：普林特斯資訊股份有限公司
印 刷 者：普林特斯資訊股份有限公司
一版一刷：2010年10月

大地

定　　價：280元